O ICMS e a tributação
do *download* de *softwares*
no Estado de São Paulo

O ICMS e a tributação do *download* de *softwares* no Estado de São Paulo

2018

Thiago Abiatar Lopes Amaral

**O ICMS E A TRIBUTAÇÃO DO *DOWNLOAD* DE *SOFTWARES*
NO ESTADO DE SÃO PAULO**
© Almedina, 2018
AUTOR: Thiago Abiatar Lopes Amaral
DIAGRAMAÇÃO: Almedina
DESIGN DE CAPA: FBA
ISBN: 9788584932856

Dados Internacionais de Catalogação na Publicação (CIP)
(Câmara Brasileira do Livro, SP, Brasil)

Amaral, Thiago Abiatar Lopes
O ICMS e a tributação do download de softwares no
Estado de São Paulo / Thiago Abiatar Lopes Amaral. –
São Paulo : Almedina, 2018.

Bibliografia.
ISBN 978-85-8493-285-6

1. Direito constitucional tributário 2. Imposto
sobre Circulação de Mercadorias e Serviços (ICMS) –
Leis e legislação - São Paulo 3. Software - Leis e
legislação - Brasil 4. Tecnologia - Licenciamento
5. Tributação - Brasil - São Paulo (Estado)
I. Título.

18-16448 CDU-342:336.2:004.4(816.1)

Índices para catálogo sistemático:

1. São Paulo : Estado : ICMS e a tributação de
softwares : Direito tributário
342:336.2:004.4(816.1)

Maria Paula C. Riyuzo - Bibliotecária - CRB-8/7639

Este livro segue as regras do novo Acordo Ortográfico da Língua Portuguesa (1990).

Todos os direitos reservados. Nenhuma parte deste livro, protegido por copyright, pode ser reproduzida, armazenada ou transmitida de alguma forma ou por algum meio, seja eletrônico ou mecânico, inclusive fotocópia, gravação ou qualquer sistema de armazenagem de informações, sem a permissão expressa e por escrito da editora.

Junho, 2018

EDITORA: Almedina Brasil
Rua José Maria Lisboa, 860, Conj.131 e 132, Jardim Paulista | 01423-001 São Paulo | Brasil
editora@almedina.com.br
www.almedina.com.br

Aos meus pais Abiatar e Iara, fonte de inspiração e exemplo de conquistas alcançadas. Que orgulho!

Às minhas irmãs Juliana e Camila pelo companheirismo, parceria e pelas defesas que caberiam a um irmão mais velho, mas que foram por elas integralmente assumidas com inegável sucesso e eficiência. Que privilégio!

À minha esposa Gabriela pelo apoio incondicional, paciência e força durante minhas ausências decorrentes da busca pelo mais profundo conhecimento. Ainda, pelo maior presente de nossas vidas, nosso filho Guilherme. Que amor!

Aos meus professores Régis Fernando de Ribeiro Braga, Alberto Macedo e José Eduardo Tellini Toledo pelo inestimável auxílio e aprendizado, sem os quais este trabalho não seria viabilizado.

APRESENTAÇÃO

Esta é uma obra que, atendendo ao pedido de seu autor, muito me honra e satisfaz em apresentar: advogado militante em São Paulo, membro de renomada banca advocatícia paulistana (e – por que não? – excelente aluno), Thiago Abiatar Lopes Amaral ora nos brinda com a obra "O ICMS e a Tributação do *Download* de *Softwares* no Estado de São Paulo".

Segundo o próprio autor, a presente obra é fruto de seu dia a dia como advogado, que se defronta constantemente com a insegurança jurídica reinante na tributação de *softwares*, insegurança esta que resulta, em boa parte, das posturas adotadas pelo Estado, na condição de sujeito ativo desta tributação.

Tais experiências deram origem a uma sólida obra acadêmica, cuja elaboração acompanhei desde o seu início como professor orientador do autor, e que foi objeto de apresentação e aprovação em banca no Insper – Instituto de Ensino e Pesquisa, como requisito para a obtenção do título de Especialista em Direito Tributário conferido por essa instituição[1].

Nas palavras do autor, a obra "[...] é uma análise crítica da tributação, pelo ICMS, do *download* de *softwares* no Estado de São Paulo, à luz da materialidade desse imposto e do possível conflito de competência com os Municípios para fins de incidência do ISS", a qual se inicia pela "[...] definição da natureza jurídica do *software* e sua forma de exploração econômica [...]", a partir da qual se exploram "[...] as materialidades

---

[1] Banca esta da qual fiz parte, juntamente com os Ilustres Professores Dr. Alberto Macedo e José Eduardo Tellini Toledo.

do ICMS e do ISS, inclusive mediante verificação das mais recentes alterações legislativas, passando pelo conflito de competência entre Estados e Municípios, o critério objetivo de tributação fixado pelo Supremo Tribunal Federal – STF a esse respeito – entre *softwares* personalizados "sob encomenda" e "de prateleira" – além de, finalmente, os pronunciamentos mais recentes das autoridades fiscais e da jurisprudência".

Premissas estabelecidas, o autor examina então as limitações à tributação de *softwares* – "[...] inclusive e especialmente por meio de *download*, seja pelo ICMS, seja pelo ISS, [...]" – de forma a apresentar sua conclusão, no sentido da necessidade "[...] de ação por parte do judiciário, dos contribuintes e, igualmente, de nossos legisladores, a fim de que se promova uma reforma do sistema tributário nacional, [...]", para adequá-lo aos hodiernos avanços da tecnologia.

Apesar da complexidade que cerca o assunto, é obra de agradável leitura, em função da forma muito clara e elegante utilizada pelo o autor na exposição de suas ideias. Ademais, possuindo inegáveis qualidade, objetividade e atualidade, é obra recomendada a todos aqueles interessados em seu objeto.

A eles, desejo o prazer de uma boa leitura!

RÉGIS FERNANDO DE RIBEIRO BRAGA
Professor Orientador dos *LL.M* em Direito Tributário no
Insper – Instituto de Ensino e Pesquisa

SUMÁRIO

1. INTRODUÇÃO AO TEMA   11

2. A NATUREZA JURÍDICA DO *SOFTWARE* E SUA FORMA
   DE EXPLORAÇÃO ECONÔMICA OU COMERCIAL   15

3. A HIPÓTESE DE INCIDÊNCIA E MATERIALIDADE TRIBUTÁRIA   23
   3.1 Do ICMS   25
   3.2 Do ISS   32

4. O CONTEXTO DA TRIBUTAÇÃO DE *SOFTWARES* ATÉ OS DIAS
   ATUAIS, A PRETENSÃO DA TRIBUTAÇÃO DO *DOWNLOAD*
   DE *SOFTWARES* PELO ESTADO DE SÃO PAULO, E O CRITÉRIO
   OBJETIVO DE TRIBUTAÇÃO FIXADO PELO STF   47
   4.1 O entendimento das autoridades fiscais do Estado de São Paulo
      acerca da tributação (do *download*) de *softwares*   55
   4.2 O entendimento das autoridades fiscais do Município de São Paulo
      acerca da tributação (do *download*) de *softwares*   64
   4.3 A jurisprudência atual   76
   4.4 Conclusão preliminar e análise crítica acerca do cenário atual
      da tributação (do *download*) de *softwares*   101

5. DAS LIMITAÇÕES À TRIBUTAÇÃO (DO *DOWNLOAD*)
   DE *SOFTWARES* PELO ICMS   107

6. DAS LIMITAÇÕES À TRIBUTAÇÃO (DO *DOWNLOAD*)
   DE *SOFTWARES* PELO ISS   119

7. CONCLUSÃO   141

8. REFERÊNCIAS   143

1. Introdução ao Tema

Como é de conhecimento geral, a evolução da internet e os avanços tecnológicos alteraram substancialmente as características e particularidades das operações com programas de computador, os conhecidos *softwares*.

Nos dias atuais, tornou-se cada vez mais comum a aquisição de programas, aplicativos, arquivos eletrônicos e congêneres mediante transferência eletrônica de dados, o chamado *download*.

Em função dessa realidade, visando satisfazer a sua necessidade arrecadatória, os entes tributantes buscam, a todo momento, alcançar a tributação das operações que surgem de acordo com a evolução e implantação de novas tecnologias.

Evidentemente, tal situação não poderia ser diferente ao se tratar das operações envolvendo *softwares*, inclusive por meio de *download* que, em franca evolução e cada vez mais comum em nosso dia a dia, entraram definitivamente na mira dos entes tributantes.

No entanto, nos parece válido notar que a aludida necessidade arrecadatória não pode transcender o objeto, a natureza da operação que se pretende tributar e, notadamente, das espécies tributárias que se pretende fazer incidir, como é o caso do Imposto sobre Circulação de Mercadorias e Prestação de Serviços de Transporte Interestadual, Intermunicipal e de Comunicação – ICMS e do Imposto Sobre Serviços – ISS.

Ademais disso, dentro de um sistema constitucional rígido que privilegia a repartição de competências tributárias em homenagem à segurança jurídica e à legalidade, é evidente que posturas unilaterais de qualquer ente tributante podem resultar e grandes conflitos de competência.

Nesse particular, válidas as lições de HUMBERTO ÁVILA[2] acerca da rigidez do sistema constitucional tributário:

> Na realidade, a CF/1988 predetermina o conteúdo material e define as hipóteses de incidência, estabelecendo cada espécie tributária e limitando, tanto formalmente quanto materialmente, os tributos que podem ser instituídos.

Na mesma linha, também abordando a questão da rigidez do sistema constitucional tributário, mormente no tocante à repartição de competências tributárias, ROQUE ANTÔNIO CARRAZA[3] nos concede importante substrato teórico:

> A Constituição ao discriminar as competências tributárias, estabeleceu [...] a norma padrão de incidência (o arquétipo, a regra matriz) de cada exação. Noutros termos, ela apontou a hipótese de incidência possível, o sujeito ativo possível, o sujeito passivo possível, a base de cálculo possível, a alíquota possível, das várias espécies e subespécies de tributos. Em síntese, o legislador, ao exercitar a competência tributária, deverá ser fiel à norma-padrão de incidência do tributo, pré-traçada na Constituição. O legislador (federal, estadual, municipal ou distrital), enquanto cria o tributo, não pode fugir deste arquétipo constitucional.

Daí porque, tendo como partida o sistema constitucional tributário rígido estabelecido pelo legislador na Constituição Federal de 1988, a pretensão do presente trabalho é demonstrar que, a rigor, considerada a natureza jurídica do *software* legalmente definida, sua forma de exploração econômica ou comercialização, a ofensiva dos Estados e, especialmente, do Estado de São Paulo, visando a tributação de *softwares*, inclusive aqueles comercializados mediante transferência eletrônica

---

[2] ÁVILA, Humberto. **Sistema Constitucional Tributário**. 4ª ed. São Paulo: Saraiva, 2010, p. 110.

[3] CARRAZZA, Roque Antonio. **Curso de Direito Constitucional Tributário**. 28ª ed. São Paulo: Malheiros Editores, 2012. p. 579.

INTRODUÇÃO AO TEMA

(*download*), pelo ICMS, mostra-se totalmente inócua frente à materialidade ou hipótese de incidência dessa espécie tributária constitucionalmente traçada, notadamente quanto à circulação de mercadorias.

No mesmo sentido, encontra-se no escopo do presente trabalho, sob o ponto de vista do ISS, considerando a competência tributária atribuída aos Municípios – nos termos do artigo 156, III, da Constituição Federal de 1988 – para instituir a cobrança de imposto sobre a prestação de serviços não compreendidos no campo de incidência do ICMS, a investigação acerca dos conceitos de direito privado do que vem a ser a prestação de serviços de qualquer natureza e a possibilidade ou não da tributação pelo ISS baseada em licença de uso de *softwares,* inclusive por meio de *download.*

Com efeito, a conclusão pretendida é pela possibilidade, ou não, da tributação das operações com *softwares,* inclusive por meio de *download,* considerando as espécies tributárias analisadas (ICMS e ISS) e suas respectivas materialidades ou hipóteses de incidência traçadas de maneira rígida pelo sistema constitucional tributário.

2. A Natureza Jurídica do *Software* e sua forma de exploração econômica ou comercial

Inicialmente é importante destacar que o artigo 1º, da Lei 9.609, de 19 de fevereiro de 1998, que dispõe sobre a proteção da propriedade intelectual de programa de computador, sua comercialização no País, e dá outras providências ("Lei do *Software*"), traz a definição legal de programas de computador, os chamados *softwares*:

> Art. 1º Programa de computador é a expressão de um conjunto organizado de instruções em linguagem natural ou codificada, contida em suporte físico de qualquer natureza, de emprego necessário em máquinas automáticas de tratamento da informação, dispositivos, instrumentos ou equipamentos periféricos, baseados em técnica digital ou análoga, para fazê-los funcionar de modo e para fins determinados.

Embora o dispositivo reproduzido acima ao tratar da definição de *software* mencione que deve estar ele contido em suporte físico de qualquer natureza sabe-se que, com a evolução tecnológica atual, é bastante comum que sua apresentação e disponibilização ocorra unicamente mediante transferência eletrônica de dados (*download*).

Independente desse fato, a Lei do *Software* antes citada, estabelece, ainda, em seu artigo 2º, o regime de proteção à propriedade intelectual do software. Confira-se:

> Art. 2º O regime de proteção à propriedade intelectual de programa de computador é o conferido às obras literárias pela legislação de direitos autorais e conexos vigentes no País, observado o disposto nesta Lei.

Tal fato é expressamente confirmado pela Lei 9.610 de 19 de fevereiro de 1998, que altera, atualiza e consolida a legislação sobre direitos autorais e dá outras providências ("Lei do Direito Autoral"), nos exatos termos da redação do artigo 7º, inciso XII, a seguir reproduzido:

> Art. 7º São obras intelectuais protegidas as criações do espírito, expressas por qualquer meio ou fixadas em qualquer suporte, tangível ou intangível, conhecido ou que se invente no futuro, tais como:
> [...]
> XII – os programas de computador; [...].

À toda evidência, portanto, do que se extrai da legislação que cuida do tratamento dispensado ao *software* no Brasil, vê-se que sua natureza jurídica é a de um direito autoral. Acerca da natureza jurídica do *software* como um direito autoral de seu criador, válidas são as lições de ARNOLDO WALD[4]:

> Assim, verificamos que igualmente, em nosso país, a doutrina inclina-se no sentido de considerar a proteção do software como matéria de direito autoral.

No mesmo sentido, confira-se os ensinamentos de DEANA WEIKERSHEIMER[5]:

> Desta forma, deve-se ressaltar que a natureza jurídica do software é de direito autoral, valendo dizer que o seu desenvolvedor é titular de direito de autor e a sua propriedade não se transfere integralmente, posto que existe uma vinculação permanente do produto com seu criador.

A respeito da natureza jurídica dos *softwares*, válida, também é a conclusão de ofertada por LEONARDO MACEDO POLI[6]:

---

[4] WALD, Arnoldo. Da Natureza Jurídica do Software, In: GOMES Orlando e outros. **A Proteção Jurídica do Software**. Rio de Janeiro: Forense, 1985. p. 41.

[5] WEIKERSHEIMER, Deana. **Comercialização de Software no Brasil: uma questão legal a ser avaliada**. Rio de Janeiro: Forense, 2000. p. 7.

[6] POLI, Leonardo Macedo. **Direito de Autor e Software**. Belo Horizonte: Del Rey, 2003, p. 23.

Sendo o software um produto do esforço intelectual de um profissional capacitado é possível a verificação que este é classificado como um bem jurídico imaterial. Portanto, com essa característica, conclui-se que este objeto de análise será tutelado por um dos ramos do Direito Intelectual.

Uma vez fixada a natureza jurídica do *software* como um direito autoral, aspecto relevante e determinante para fins da conclusão pretendida no presente estudo, diz respeito à forma de exploração econômica ou comercial do *software*. Nesse particular, a Lei do *Software* também cuidou de trazer tratamento expresso à forma de exploração econômica ou comercial do *software*, tal como se observa da redação de seu artigo 9º:

Art. 9º O uso de programa de computador no País será objeto de contrato de licença.

A teor do aludido dispositivo legal, portanto, a comercialização de software no Brasil se dá na forma de licenciamento de uso, sendo imperativo destacar que tal obrigatoriedade, é reforçada no artigo 7º da própria Lei do *Software*, cuja redação é a seguinte:

Art. 7º O contrato de licença de uso de programa de computador, o documento fiscal correspondente, os suportes físicos do programa ou as respectivas embalagens deverão consignar, de forma facilmente legível pelo usuário, o prazo de validade técnica da versão comercializada.

Cuidando especificamente da análise desses dispositivos RENATO LACERDA DE LIMA GONÇALVES[7] é extremamente claro e objetivo:

O acima transcrito dispositivo legal é claro: toda hipótese de uso de software no Brasil deverá ser regida por um contrato de licença, cujas partes serão titular do direito de permitir o uso do software e quem quer que esteja interessado em usá-lo.

Na mesma linha DEANA WEIKERSHEIMER[8], esclarece que a Lei do Software é clara ao dispor que sua comercialização se baseia unicamente em licença de uso:

---

[7] GONÇALVES, Renato Lacerda de Lima. **A Tributação do *Software* no Brasil**. São Paulo: Quartier Latin, 2005, p. 97.

[8] WEIKERSHEIMER, Deana. op. cit, pp. 35-36.

De toda a maneira, cumpre enfatizar que a nova lei manteve a tese já vigente de que a comercialização de software não se opera pela mera tradição, ou seja, com a transferência da propriedade, pois, como já visto, existe a vinculação permanente do produto com o seu titular dos direitos, seja qual for o mecanismo pelo qual o mesmo adquiriu tal prerrogativa.

Assim, não há que se falar em compra e venda de software e, sim, em licenças de uso. Não há, portanto, as figuras do vendedor e do comprador. A Relação se ultima sempre entre o titular de direitos e o usuário final, ainda que a forma de apresentação do produto tenha se alterado para competir em um novo mercado.

Aspecto relevante do ensinamento reproduzido acima, diz respeito à definição de que a comercialização do *software* se dá via licença de uso "ainda que a forma de apresentação do produto tenha se alterado para competir em um novo mercado." Isto porque, a análise pretendida no presente trabalho relaciona-se, também, à comercialização do *software* por meio de *download*, assim entendido, o processo de transferência de dados (no caso de um software) de um computador remoto para o computador que faz o pedido, através da internet e que em nada desnatura os conceitos aqui fixados.

Tanto é verdade que, cuidando da comercialização ou exploração econômica do software já em um cenário de avanços tecnológicos, são válidas as lições de Gustavo Brigagão e Bruno Lyra[9]:

> Especificamente em relação ao objeto do presente estudo, verificamos que a exploração econômica de produtos digitais que tenham a natureza de direito autoral, não se dá, obviamente, por meio de um contrato do qual decorra a transferência de propriedade do bem, mas sim, pelo licenciamento do direito de uso daquele produto intelectual. Quando determinado consumidor realiza o "download" de um bem digital (um filme, uma música, um jogo etc.), ele não passa a ser detentor daquele direito autoral. Há apenas um licenciamento ou cessão do direito de uso daquele programa. Nada mais. Só haveria que se falar na venda de um software se todos os direitos

---

[9] BRIGAGÃO, Gustavo e LYRA, Bruno. Aspectos Tributários do Comércio Eletrônico Internacional. In: TORRES, Heleno Taveira (coord.). **Direito Tributário e Ordem Econômica**: Homenagem aos 60 anos da ABDF. São Paulo: Quartier Latin, 2010, p. 632.

inerentes àquele bem fossem transferidos ao comprador, ou seja, o direito de uso gozo e fruição.

A jurisprudência do Superior Tribunal de Justiça (STJ), por meio do Recurso Especial 443.119/RJ[10], reproduzida parcialmente abaixo, também já explorou a natureza jurídica do *software*, concluindo em linha com a legislação de regência da matéria e os entendimentos doutrinários aqui destacados:

> Direito civil. Recurso especial. Ação de conhecimento sob o rito ordinário. Programa de computador (*software*). Natureza jurídica. Direito autoral (propriedade intelectual). Regime jurídico aplicável. Contratação e comercialização não autorizada. Indenização. Danos materiais. Fixação do quantum. Lei especial (9610/98, artigo 103). Danos morais. Dissídio jurisprudencial. Não demonstração.
>
> O programa de computador (*software*) possui natureza jurídica de direito autoral (obra intelectual), e não de propriedade industrial, sendo-lhe aplicável o regime jurídico atinente às obras literárias. Recurso especial parcialmente provido.
>
> [...]
>
> O software, ou programa de computador, como disciplinado em leis específicas (9.609/98 e 9.610/98), possui natureza jurídica de direito autoral (trata-se de 'obra intelectual', adotado o regime jurídico das obras literárias), e não de direito de propriedade industrial.
>
> Esse entendimento resulta não apenas da exegese literal dos arts. 7º, inc. XII da Lei nº 9.610/98 e 2º da Lei nº 9.609/98 e das expressivas contribuições de diversos doutrinadores[3], mas também da interpretação, a contrario sensu, do dispositivo da lei de propriedade industrial (Lei nº 9.279/96, art. 10, inc. V) que afasta a possibilidade jurídica de se requerer a patente de programa de computador, por não o considerar seja invenção, seja modelo de utilidade.
>
> Se o direito de propriedade industrial, como positivado no Brasil, expressamente rechaça proteção ao software, não resta outra solução senão a de aceitá-lo enquanto modalidade de direito de propriedade intelectual

---

[10] BRASIL. **Superior Tribunal de Justiça**. 3ª Turma. REsp 443119/RJ; relatora ministra Nancy Andrighi, Brasília, 8/5/2003. Fonte: DJ 30/6/2003 p. 240; RSTJ vol. 180 p. 386.

(autoral), pois do contrário ficaria o seu titular despido de qualquer proteção jurídica a reprimir atos de contrafação.

Diante dos aspectos ora expostos e analisados, é extremamente relevante para a conclusão do presente trabalho, a definição da natureza jurídica do *software* como um direito autoral, bem como que o fato de a sua comercialização ou exploração econômica se dar, exclusivamente, via licença de uso.

Nesse particular, é importante que se diga que não se ignora as demais previsões contidas na lei do *software*, especificamente nos artigos 10 e 11[11], a respeito das licenças de comercialização e de transferência de tecnologia. Contudo, o enfoque do presente trabalho está justamente na forma mais comum de exploração econômica de *softwares*, qual seja a licença de uso pura e simples ao consumidor final, *"software as a product"*, que não lhe confere qualquer direito de comercialização do *software* transacionado e tampouco implica em transferência de tecnologia.

Tal esclarecimento é relevante, especialmente no que toca os casos envolvendo transferência de tecnologia e a análise aqui pretendida, haja vista que nesse caso poder-se-ia inferir uma efetiva transferência de

---

[11] Art. 10. Os atos e contratos de licença de direitos de comercialização referentes a programas de computador de origem externa deverão fixar, quanto aos tributos e encargos exigíveis, a responsabilidade pelos respectivos pagamentos e estabelecerão a remuneração do titular dos direitos de programa de computador residente ou domiciliado no exterior.

§ 1º Serão nulas as cláusulas que:

I – limitem a produção, a distribuição ou a comercialização, em violação às disposições normativas em vigor;

II – eximam qualquer dos contratantes das responsabilidades por eventuais ações de terceiros, decorrentes de vícios, defeitos ou violação de direitos de autor.

§ 2º O remetente do correspondente valor em moeda estrangeira, em pagamento da remuneração de que se trata, conservará em seu poder, pelo prazo de cinco anos, todos os documentos necessários à comprovação da licitude das remessas e da sua conformidade ao caput deste artigo.

Art. 11. Nos casos de transferência de tecnologia de programa de computador, o Instituto Nacional da Propriedade Industrial fará o registro dos respectivos contratos, para que produzam efeitos em relação a terceiros.

Parágrafo único. Para o registro de que trata este artigo, é obrigatória a entrega, por parte do fornecedor ao receptor de tecnologia, da documentação completa, em especial do código-fonte comentado, memorial descritivo, especificações funcionais internas, diagramas, fluxogramas e outros dados técnicos necessários à absorção da tecnologia.

titularidade do software transacionado e, portanto, do direito autoral a ele inerente, por meio de seu código-fonte, que permita ao adquirente realizar alterações e modificações no programa.

De todo modo, como se disse, o escopo do presente trabalho é a análise do licenciamento de direitos de uso de programas de computador no País, feitas diretamente ao usuário final do software, nos termos do artigo 9º da Lei do *Software*.

3. A Hipótese de Incidência e materialidade tributária

Uma vez fixada a natureza jurídica do *software* e sua forma de exploração econômica ou comercial, antes de adentrar propriamente ao campo de sua tributação pelo ICMS e ISS, são válidos os destaques aos conceitos de hipótese de incidência e materialidade tributária.

Com efeito, o objetivo do presente trabalho é traçar um paralelo entre a hipótese de incidência do ICMS, do ISS e respectivas materialidades dessas espécies tributárias frente à pretensa tributação de *softwares*, especialmente no *download*. Para tanto, deveremos tomar como ponto de partida, os ensinamentos de GERALDO ATALIBA[12] acerca da hipótese de incidência tributária:

> [...] hipótese de incidência é a descrição hipotética e abstrata de um fato. É parte da norma tributária. É o meio pelo qual o legislador institui um tributo. Está criado um tributo, desde que a lei descreva sua hipótese de incidência, a ela associando o mandamento "pague", já o fato imponível "é o fato concreto localizado no tempo e no espaço, acontecido efetivamente no universo fenomênico, que – por corresponder rigorosamente à descrição prévia, hipoteticamente formulada pela hipótese de incidência legal – dá nascimento à obrigação tributária.
> [...]

---

[12] ATALIBA, Geraldo. **Hipótese de Incidência Tributária**. 6ª ed. São Paulo: Revista dos Tribunais, 2002. p. 68.

A lei (Hipótese de Incidência) descreve hipoteticamente certos fatos, estabelecendo a consistência de sua materialidade. Ocorridos concretamente estes fatos hic et nunc, com a consistência prevista na lei e revestindo-se a forma prefigurada idealmente na imagem legislativa abstrata, reconhece-se que desses fatos nascem obrigações tributárias concretas.

Ainda acerca da hipótese de incidência e seguindo os ensinamentos de Geraldo Ataliba, EDUARDO SABAGG[13], nos ensina que a hipótese de incidência:

> [...] representa o momento abstrato, previsto em lei, hábil a deflagrar a relação jurídico-tributária. Caracteriza-se pela abstração, que se opõe à concretude fática, definindo-se pela escolha – feita pelo legislador – de fatos quaisquer, no mundo fenomênico, propensos a ensejar o nascimento do episódio jurídico-tributário.

No que toca à materialidade, esta deve ser entendida como o núcleo da hipótese de incidência, nas palavras de GERALDO ATALIBA[14]:

> O aspecto mais complexo da hipótese de incidência é o material. Ele contém a designação de todos os dados de ordem objetiva, configuradores do arquétipo em que ela (h.i.) consiste; é a própria consistência material do fato ou estado de fato descrito pela h.i.; é a descrição dos dados substanciais que servem de suporte à h.i.
>
> Este aspecto dá, por assim dizer, a verdadeira consistência da hipótese de incidência. Contém a indicação de sua substância essencial, que é o que de mais importante e decisivo há na sua configuração.

Como se vê, portanto, a hipótese de incidência vem a ser a descrição hipotética de um fato tributável que tem na materialidade o seu núcleo, usualmente composto por um verbo, seguido de seu complemento[15], representando a descrição do evento que, se ocorrido, desencadeará a incidência tributária.

---

[13] SABBAG, Eduardo de Moraes. **Elementos do Direita, Direito Tributário**. 11ª ed. São Paulo: Revista dos Tribunais, 2009, pp. 178-179.

[14] ATALIBA, Geraldo. op. cit., p. 106.

[15] CARVALHO, Aurora Tomazini. **Curso de Teoria Geral do Direito: O Construtivismo Lógico Semântico**. 3 ed. São Paulo: Noeses. 2013. p. 387.

A respeito de materialidade da hipótese de incidência, são válidos os ensinamentos de PAULO DE BARROS CARVALHO[16], cuja lição clássica aborda a materialidade como um dos critérios (o material) da Regra Matriz de Incidência Tributária[17]:

> O critério material ou objetivo da hipótese tributária resume-se, como dissemos, no comportamento de alguém (pessoa física ou jurídica), consistente num ser, num dar, ou num fazer e obtido mediante abstração da hipótese tributária, vale dizer, sem considerarmos os condicionantes de tempo e de lugar (critério temporal e espacial).

Especificamente em relação às espécies tributárias objeto do presente estudo, têm-se as respectivas materialidades na prática de operação relativa à circulação de mercadorias para fins de ICMS[18] e na prestação de serviços para fins do ISS. É o que se passa a demonstrar.

3.1 Do ICMS

A materialidade do ICMS está prevista constitucionalmente no artigo 155, inciso II, da Constituição Federal de 1988, que atribui aos Estados o poder para criar e cobrar ICMS em seus territórios. Confira-se abaixo a transcrição dos citados dispositivos:

> Art. 155. Compete aos Estados e ao Distrito Federal instituir impostos sobre: (Redação dada pela Emenda Constitucional nº 3, de 1993)
> [...]
> II – Operações relativas à circulação de mercadorias e sobre prestações de serviços de transporte interestadual e intermunicipal e de comunicação, ainda que as operações e as prestações se iniciem no exterior; (Redação dada pela Emenda Constitucional nº 3, de 1993)
> [...]

---

[16] CARVALHO, Paulo De Barros, **Direito Tributário Linguagem e Método**. 3ª ed. São Paulo: Noeses. 2008. p. 464.

[17] Não constitui escopo do presente estudo o aprofundamento na lição clássica de Paulo de Barros Carvalho, notadamente quanto aos demais critérios da chamada Regra Matriz de Incidência Tributária.

[18] Tal como se abordará em tópico específico para fins do presente estudo não nos importam as demais materialidades do ICMS.

§ 2º O imposto previsto no inciso II atenderá ao seguinte: (Redação dada pela Emenda Constitucional nº 3, de 1993)

[...]

IX – Incidirá também:

a) sobre a entrada de bem ou mercadoria importados do exterior por pessoa física ou jurídica, ainda que não seja contribuinte habitual do imposto, qualquer que seja a sua finalidade, assim como sobre o serviço prestado no exterior, cabendo o imposto ao Estado onde estiver situado o domicílio ou o estabelecimento do destinatário da mercadoria, bem ou serviço; (Redação dada pela Emenda Constitucional nº 33, de 2001)

[...].

Verifica-se, portanto, que limitados pela norma constitucional poderão os Estados instituírem a cobrança do ICMS tão somente em relação a: i) operações de circulação de mercadorias; ii) prestação de serviço de transporte interestadual e intermunicipal; iii) prestação de serviço de comunicação; e iv) importação de bens e serviços.

Para o presente estudo importa-nos tão somente a análise do item (i), ou seja, operações de circulação de mercadorias, situação em que, para haver a cobrança do ICMS, necessariamente terá de ocorrer um negócio jurídico que implique na transferência de titularidade de um bem que reúna características que lhe atribuam a condição de mercadoria, ou seja, bem que esteja sendo objeto de comércio ou mercancia.

Diante do comando do inciso II, do artigo 155, da Carta Federal, tem-se que as "operações relativas à circulação de mercadorias" constituem o critério material da regra matriz da hipótese de incidência do ICMS ou, simplesmente, sua materialidade. E o alcance e significado do que seja "operações relativas à circulação de mercadorias" não pode ser desprezado pelo legislador infraconstitucional.

ALIOMAR BALEEIRO[19] assim se manifestou sobre "operação realizada" para fins de incidência do imposto em tela:

A natureza específica da "operação realizada", isto é, o negócio jurídico, que motiva ou dá causa à saída, é irrelevante do ponto de vista fiscal. Quase sempre se prende a uma compra e venda mercantil ou a uma consignação.

---

[19] BALEEIRO, Aliomar. **Direito Tributário Brasileiro**. Atualização de Misabel Abreu Machado Derzi. 13ª ed. Rio de Janeiro: Forense. 2013 p. 223.

Mas pode ser outro contrato ou ato jurídico. Não pode ser, em nossa opinião, fato material ou físico: – a simples deslocação da mercadoria para fora do estabelecimento, permanecendo na propriedade e posse direta do contribuinte seja para depósito, custódia, penhor, comodato ou reparos. Se admitíssemos solução contrária, até o furto da mercadoria seria fato gerador do ICMS.

ROQUE ANTÔNIO CARRAZA[20] oferece o conceito de "operação relativa a circulação de mercadorias" nos seguintes termos:

> É bom também esclarecermos, desde logo, que tal "operação relativa à circulação de mercadorias" só pode ser jurídica (e não meramente física) o que, evidentemente, pressupõe a transferência, de uma pessoa a outra e pelos meios adequados, da titularidade de uma mercadoria – vale dizer, dos poderes de disponibilidade sobre ela. Sem esta mudança de titularidade não há que se falar em tributação válida por meio de ICMS.

Em linha com a lição acima reproduzida, a ideia de que as operações relativas à circulação de mercadorias importam na chamada circulação jurídica, assim entendia aquela que importe na transferência de titularidade da mercadoria conferindo ao novo titular os poderes de dispor sobre ela, é amplamente difundida pela melhor doutrina e reconhecida pela nossa corte suprema.

No mesmo sentido, tratando especificamente do termo "circulação" núcleo material da hipótese de incidência do ICMS, válidas são as lições de JOSE EDUARDO SOARES DE MELO[21]:

> Circulação é a passagem das mercadorias de uma pessoa para outra, sob o manto de um título jurídico fundamentado em ato ou contrato, implicando mudança de patrimônio. É irrelevante a mera circulação física ou econômica.

ROQUE ANTONIO CARRAZA, ao prosseguir na análise da materialidade do ICMS, conclui, então, com maestria[22]:

---

[20] CARRAZZA, Roque Antonio. **ICMS**. 17ª ed. São Paulo: Malheiros Editores, 2015. p. 45.
[21] MELO, José Eduardo Soares de. **Curso de Direito Tributário**, 10ª ed., São Paulo. Dialética. 2012. p. 523.
[22] CARRAZZA, Roque Antonio. op. cit., p. 49.

Por outro lado, o imposto em tela incide sobre operações com mercadorias (e não sobre a simples circulação de mercadorias). Apenas a passagem de mercadorias de uma pessoa para outra, por força da prática de um negócio jurídico, abre espaço à tributação por meio de ICMS.

[...]

Assim, este ICMS deve ter por hipótese de incidência a operação jurídica que, praticada por comerciante, industrial ou produtor, acarrete circulação de mercadoria, isto é, a transmissão de sua titularidade.

Em consagração à materialidade do ICMS quanto ao conceito de circulação de mercadorias adotado pela melhor doutrina, o STF, em sessão plenária realizada em 06/04/2010, apreciou e julgou o Recurso Extraordinário nº 267.599/MG[23], no qual decidiu pela não incidência do ICMS na simples transferência de bens entre estabelecimentos do mesmo titular, justamente porque em tal operação não se verifica a efetiva circulação de mercadorias, assim entendia aquela que importe na transferência de titularidade. Confira-se a ementa desse julgado:

> DIREITO CONSTITUCIONAL E TRIBUTÁRIO. EMBARGOS DE DE-CLARAÇÃO EM AGRAVO REGIMENTAL EM RECURSO EXTRAORDI-NÁRIO. ICMS. TRANSFERÊNCIA DE BENS ENTRE ESTABELECIMEN-TOS DE MESMO CONTRIBUINTE EM DIFERENTES ESTADOS DA FEDERAÇÃO. SIMPLES DESLOCAMENTEO FÍSICO. INEXISTÊNCIA DE FATO GERADOR. PRECEDENTES. 1. A não-incidência do imposto deriva da inexistência de operação ou negócio mercantil havendo, tão--somente, deslocamento de mercadoria de um estabelecimento para outro, ambos do mesmo dono, não traduzindo, desta forma, fato gerador capaz de desencadear a cobrança do imposto. Precedentes. 2. Embargos de declaração acolhidos somente para suprir a omissão sem modificação do julgado.

Realmente, desde agosto de 1996, o STJ firmou posicionamento pela não incidência do imposto nessas operações. Para tanto, foi editada a Súmula 166[24], com o objetivo de pacificar as discussões sobre o assunto:

---

[23] BRASIL. **Supremo Tribunal Federal**. RE nº 267.599/MG. Recorrente: LAFARGE BRASIL S/A. Recorrida: ESTADO DE MINAS GERAIS. Relatora Min. Ellen Gracie. Tribunal Pleno. j. 06/04/2010, DJ 30/04/2010.

[24] BRASIL. **Superior Tribunal de Justiça**. Súmula 166. Primeira Seção., DJ 23/08/1996.

"Não constitui fato gerador do ICMS o simples deslocamento de mercadoria de um para outro estabelecimento do mesmo contribuinte".

De fato o entendimento da corte superior, remonta ao Resp nº 32.203//RJ[25], cujo teor destaca-se a seguir:

> TRIBUTARIO – ICM – TRANSFERENCIA DE MERCADORIA DA FABRICA PARA AS LOJAS – DECRETO-LEI 406 / 1968 (ART. 1., I, E 2., PARAGRAFO 6.).
>
> 1. O SIMPLES DESLOCAMENTO DA MERCADORIA DE UM ESTABELECIMENTO PARA OUTRO, DO MESMO CONTRIBUINTE, SEM TIPIFICAR ATO DE MERCANCIA, NÃO LEGITIMA A INCIDENCIA DO ICM.
>
> 2. PRECEDENTES JURISPRUDENCIAIS.
>
> 3. RECURSO PROVIDO.
>
> [...]
>
> O SIMPLES DESLOCAMENTO DA MERCADORIA DE UM ESTABELECIMENTO PARA OUTRO, DO MESMO CONTRIBUINTE, SEM TIPIFICAR ATO DE MERCANCIA, NÃO LEGITIMA A INCIDENCIA DO ICM.
>
> [...] Como foi alceado, o fulcro da questão prende-se em saber se ocorre o fato gerador do ICM na transferência das mercadorias do estabelecimento central – fábrica –, do mesmo contribuinte para as suas lojas de venda no varejo, localizadas na mesma cidade.
>
> Nessa perspectiva, com os olhos de bem se ver, no caso, aconteceu simples deslocamento de um estabelecimento para os outros da mesma empresa, sem a transferência de propriedade, configurando operações, da fábrica para as lojas, sem a natureza de ato mercantil: ocorreu simples movimentação do produto acabado para a venda, sem a aludida operação, que, se evidenciasse a circulação econômica, então, consubstanciaria o fato gerador do ICM (art. 1º, § 1º, I, Dec. Lei n. 406/1968).
>
> Desse modo, não se constituindo operação econômica tributável a transferência dos produtos acabados às lojas que suportam o respectivo encargo tributário, descabe a exigência fiscal aprisionada à multicitada operação. A incidência estaria legitimada pela legalidade, caso o primeiro estabelecimento agisse autonomamente comercializando os produtos da sua fabricação.

---

[25] BRASIL. **Superior Tribunal de Justiça**. Resp nº 32.303/SP. Recorrente: BOB'S Industria e Comércio Ltda. Recorrida: Estado do Rio de Janeiro. Rel. Milton Luiz Pereira, 1ª Turma, julgado em 06/03/1995.

A conclusão apresentada pelos entendimentos trazidos linhas acima, no sentido de que a materialidade da hipótese de incidência do ICMS, qual seja, operações relativas à circulação de mercadorias, deve levar em conta a transmissão de titularidade do bem objeto de mercancia, é a que se busca para a conclusão pretendida no presente trabalho.

Fixada tal conclusão, há de se passar à análise do conceito de mercadoria, enquanto um bem que esteja sendo objeto de comércio ou se destine à mercancia. Nesse particular, são válidos os ensinamentos de PAULO DE BARROS CARVALHO[26]:

> É mercadoria a caneta exposta à venda entre outras adquiridas para esse fim. Não se enquadra nesse conceito, porém, aquela mantida em meu bolso e destinada a meu uso pessoal. Observe-se que não se operou a menor modificação na índole do objeto referido. Apenas a sua destinação veio a conferir-lhe o atributo de mercadoria.

No mesmo sentido, ao tratar do conceito de mercadoria, JOSE EDUARDO SOARES DE MELO[27], assim conclui:

> Mercadoria, tradicionalmente, é bem corpóreo da atividade empresarial do produtor, industrial e comerciante, tendo por objeto a sua distribuição para consumo, compreendendo-se no estoque da empresa, distinguindo-se das coisas que tenham qualificação diversa, como é o caso do ativo permanente. Este conceito sofreu ampliação constitucional ao submeter o fornecimento de energia elétrica (coisa incorpórea) ao âmbito da incidência do ICMS, enquadrando-o no espectro mercantil (art. 155, § 3º CF).

Portanto, segundo o festejado autor, mercadoria é aquela relativa à atividade empresarial cuja destinação é a distribuição para consumo. Além disso, segundo tais ensinamentos, tal bem há de ser corpóreo ou tangível, exceção feita à ficção jurídica existente no texto constitucional que equiparou energia elétrica, bem incorpóreo ou intangível, ao conceito de mercadoria.

---

[26] CARVALHO, Paulo De Barros. op. cit. p. 648.

[27] MELO, José Eduardo Soares de. **ICMS – Teoria e Prática**, 9ª ed. São Paulo: Dialética, 2006. p. 16.

Logo, ainda segundo tais ensinamentos, bens incorpóreos só poderão alcançar a conceituação de mercadoria mediante processo legislativo que venha a criar tal ficção, de forma similar ao que se verificou com a energia elétrica.

No que diz respeito à mercadoria, HUGO DE BRITO MACHADO nos ensina que esta tem seu conceito emprestado do direito comercial, traduzida como bem sujeito à mercancia, ou seja, objeto móvel, corpóreo destinado aos atos do comércio:

> Mercadorias são coisas móveis. São coisas porque bens corpóreos, que vale por si e não pelo que representam. Coisas, portanto, em sentido restrito, no qual não se incluem os bens tais como os créditos, as ações, o dinheiro, entre outros. E coisas móveis porque em nosso sistema jurídico os imóveis recebem disciplinamento legal diverso, o que os exclui do conceito de mercadorias.[28]

Ainda, na mesma toada, ROQUE ANTONIO CARRAZA, ao estabelecer um conceito próprio de mercadoria, assim o fez:

> [...] bem móvel corpóreo adquirido pelo comerciante, industrial ou produtor, para servir de objeto a seu comércio, isto é, para ser revendido".[29]

Podemos identificar a partir destas conceituações elementos importantes para definir se determinado bem é ou não uma mercadoria. Destarte, temos um bem necessariamente móvel e corpóreo, que deve, obrigatoriamente, estar disponível no mercado, ou seja, deve ser passível de destinação comercial.

Portanto, apoiado na melhor doutrina, é possível concluir que a circulação jurídica presente na materialidade do ICMS, deve envolver a transferência de titularidade de um bem móvel e corpóreo destinado à mercancia, isto é, que reúna as condições de mercadoria.

Por outro lado, não se ignora o entendimento daqueles que sustentam a desnecessidade da corporificação ou tangibilidade de um bem para que este reúna as condições de mercadoria, sob o fundamento de

---

[28] MACHADO, Hugo de Brito. **Curso de direito tributário**. 27ª ed. São Paulo: Malheiros, 2006. p. 379.

[29] CARRAZZA, Roque Antonio. op. cit., p. 190.

que o direito tributário e as espécies que se pretende fazer incidir devem acompanhar as evoluções tecnológicas, respeitada a repartição de competências constitucional.

Expressão mais recente desse entendimento advém da decisão da Medida Cautelar na ADIn 1.945-7/MT[30], proferida pelo Plenário do STF, concluindo que a incidência do ICMS não exige, necessariamente, a corporificação do bem.

Portanto, a questão da definição da qualificação de mercadoria como um bem necessariamente corpóreo, ou não, é igualmente relevante para a conclusão pretendida no presente trabalho.

3.2 Do ISS

Está contida no artigo 156, inciso III, da Constituição Federal de 1988, a competência tributária atribuída aos Municípios para instituir tributo sobre serviços. Confira-se abaixo:

> Art. 156. Compete aos Municípios instituir impostos sobre:
> [...]
> III – serviços de qualquer natureza, não compreendidos no art. 155, II, definidos em lei complementar.(Redação dada pela Emenda Constitucional nº 3, de 1993)
> [...].

Constata-se, pois, que os Municípios poderão instituir a cobrança de imposto sobre a prestação de serviços não compreendidos no campo de incidência do ICMS (i.e., serviços de transporte interestadual e intermunicipal e de comunicação) e definidos em lei complementar.

Nesta esteira, foi editada a Lei Complementar nº 116/2003 (LC nº 116/03) a qual prevê em seu artigo 1º o correspondente fato gerador do imposto sobre serviços. Confira-se:

> Art. 1º O Imposto Sobre Serviços de Qualquer Natureza, de competência dos Municípios e do Distrito Federal, tem como fato gerador a prestação de serviços constantes da lista anexa, ainda que esses não se constituam como atividade preponderante do prestador.

---

[30] BRASIL. **Supremo Tribunal Federal**. ADI nº 1945. Requerente: PARTIDO DO MOVIMENTO DEMOCRÁTICO BRASILEIRO – PMDB. Requerido: GOVERNADOR DO ESTADO DE MATO GROSSO. Relator Gilmar Mendes. Tribunal Pleno.

[...]

§ 2º Ressalvadas as exceções expressas na lista anexa, os serviços nela mencionados não ficam sujeitos ao Imposto Sobre Operações Relativas à Circulação de Mercadorias e Prestações de Serviços de Transporte Interestadual e Intermunicipal e de Comunicação – ICMS, ainda que sua prestação envolva fornecimento de mercadorias.

[...].

Observe-se que, segundo a LC nº 116/03, há o fato gerador do ISS em relação à prestação de serviços constantes de lista a ela anexa. Para fins do presente trabalho, importa-nos os serviços de informática e congêneres indicados no item 1 da lista anexa à Lei Complementar nº 116/2003, mais especificamente o subitem 1.05, que engloba o "Licenciamento ou cessão de direito de uso de programas de computação.", e no qual se baseia a tributação da licença de *softwares* por parte dos Municípios brasileiros.

Antes, contudo, de adentrar à tributação dessa atividade pelo ISS – o que se fará em tópico específico do presente trabalho – importa-nos aprofundar a análise da materialidade do ISS trazida pelo legislador constitucional e complementar mais acima transcritas, qual seja, a prestação de serviços.

Com efeito, o inciso III do art. 156 da Carta Federal determina que o critério material da hipótese de incidência do ISS é a "prestação de serviços". Em face do critério material do ISS constitucionalmente expresso, nem mesmo ao legislador complementar é permitida a tributação desse imposto sobre a atividade que não constitua "prestação de serviço".

Daí porque é de extrema relevância que para qualquer análise que se pretenda concluir pela possibilidade ou não da tributação de uma atividade pelo ISS, tenha-se devidamente delimitado o conceito constitucional de prestação de serviço, materialidade do ISS, reproduzido pelo legislador complementar.

AIRES F. BARRETO[31], traz valiosas lições ao abordar o conceito ora buscado:

---

[31] BARRETO, **Aires F. ISS na Constituição e na Lei**. São Paulo, 3ª ed. São Paulo: Dialética, 2009. p. 33.

O conceito de serviço tributável, empregado pela CF para discriminar (identificar, demarcar) a esfera de competência dos Municípios, é um conceito de Direito Privado.

Assim, é indispensável – para reconhecer-se a precisa configuração dessa competência – verificar o que, segundo o Direito Privado, se compreende no conceito de serviço.

É no interior dos lindes desse conceito de Direito Privado que se enclausura a esfera de competência dos Municípios para a tributação dos serviços de qualquer natureza, dado que foi por ele que a CF, de modo expresso, a discriminou, identificou e demarcou.

Com efeito, em se tratando de conceito de direito privado, cabe uma breve digressão afim de ressaltar que o artigo 110 da Lei nº 5.172/1966 – Código Tributário Nacional (CTN) dispõe que "a lei tributária não pode alterar a definição, o conteúdo e o alcance de institutos, conceitos e formas de direito privado, utilizados, expressa ou implicitamente, pela Constituição Federal, pelas Constituições dos Estados, ou pelas Leis Orgânicas do Distrito Federal ou dos Municípios, para definir ou limitar competências tributárias".

Assim, como não se ignora a partir dos conceitos de Direito Privado, os serviços pressupõem uma obrigação de fazer, algum esforço pessoal do qual derive benefício a terceiro. Por conseguinte, a atividade eleita para a tributação pelo ISS deve corresponder a uma obrigação de fazer. Nesta linha, são as lições de JOSE EDUARDO SOARES DE MELO[32]:

> O cerne da materialidade da hipótese de incidência do imposto em comento não se circunscreve a "serviço", mas a uma "prestação de serviço", compreendendo um negócio (jurídico) pertinente a uma obrigação de "fazer", de conformidade com os postulados e diretrizes do direito privado.

Ainda abordando o tema e a conclusão de que os serviços pressupõem uma obrigação de fazer, AIRES F. BARRETO[33] agrega outros apontamentos:

---

[32] MELO, José Eduardo Soares de. ISS – **Aspectos teóricos e práticos**, 5ª ed. São Paulo: Dialética, 2008. p. 33

[33] BARRETO, Aires F. op. cit., p. 29.

[...] não é todo e qualquer "fazer" que se subsumi ao conceito, ainda que genérico, desse preceito constitucional. Serviço é conceito menos amplo, mais estrito que o conceito de trabalho constitucionalmente pressuposto. É como se víssemos o conceito de trabalho como gênero e o de serviço como espécie desse gênero. De toda a sorte, uma afirmação que parece evidente, a partir da consideração dos textos constitucionais que fazem referência ampla aos conceitos, é a de que a noção de trabalho corresponde, genericamente, a um "fazer". Pode-se mesmo dizer que trabalho é todo esforço humano, ampla e genericamente considerado. [...]. É lícito afirmar, pois, que serviço é uma espécie de trabalho. É o esforço humano que se volta para outra pessoa; é fazer desenvolvido para outrem. O serviço é, assim, um tipo de trabalho que alguém desempenha para terceiros. Não é esforço desenvolvido em favor do próprio prestador, mas de terceiros. Conceitualmente, parece que são rigorosamente procedentes essas observações. O conceito de serviço supõe uma relação com outra pessoa, a quem serve. Efetivamente, se é possível dizer-se que se fez um trabalho "para si mesmo", não o é afirmar-se que se prestou serviço "a si próprio". Em outras palavras, pode haver trabalho sem que haja relação jurídica, mas só haverá serviço no bojo de uma relação jurídica. Num primeiro momento, pode-se conceituar serviço como todos o esforço humano desenvolvido em benefício de outra pessoa (em favor de outrem).

De fato, diante de tão relevantes e incontestes substratos teóricos acerca do conceito constitucional de serviço para fins do ISS, o STF, em sessão plenária realizada em 11/10/2000, apreciou e julgou o Recurso Extraordinário nº 116.121/SP[34], no qual decidiu pela inconstitucionalidade da expressão "locação de bens móveis", constante do item 79 do Decreto-lei nº 406/68, que veio a ser revogada pela LC nº 116/03. Confira-se, nesse sentido, a ementa deste julgado:

TRIBUTO – FIGURINO CONSTITUCIONAL. A supremacia da Carta Federal é conducente a glosar-se a cobrança de tributo discrepante daqueles nela previstos. IMPOSTO SOBRE SERVIÇOS – CONTRATO DE LOCAÇÃO. A terminologia constitucional do Imposto sobre Serviços revela o

---

[34] BRASIL. **Supremo Tribunal Federal**. RE nº 116.121/SP. Recorrente: Ideal Transportes e Guindastes Ltda. Recorrida: Prefeitura Municipal de Santos/SP. Relator Octavio Gallotti. Tribunal Pleno. j. 11/10/2000, DJ 25/05/2001

objeto da tributação. Conflita com a Lei Maior dispositivo que imponha o tributo considerado contrato de locação de bem móvel. Em Direito, os institutos, as expressões e os vocábulos têm sentido próprio, descabendo confundir a locação de serviços com a de móveis, práticas diversas regidas pelo Código Civil, cujas definições são de observância inafastável – artigo 110 do Código Tributário Nacional.

A respeito desse julgado, importa-nos destacar trechos do voto do Ministro Celso de Mello, em que enfrenta diretamente o conceito constitucional de serviço, como uma obrigação de fazer, para afastar a incidência do imposto municipal sobre a locação de bens móveis, por se tratar de típica obrigação de dar. Vejamos:

> Tenho para mim, na mesma linha de entendimento exposta por AIRES FERNANDINO BARRETO ("Revista de Direito Tributário" vol. 38/192) e por CLEBER GIARDINO ("Revista de Direito Tributário" vol. 38/196) que a qualificação da "locação de bens móveis", como serviço, para efeito de tributação municipal, mediante incidência do ISS, nada mais significa do que a inadmissível e arbitrária manipulação, por lei complementar, da repartição constitucional de competências impositivas, eis que o ISS somente pode incidir sobre obrigações de fazer, a cuja matriz conceitual não se ajusta a figura contratual da locação de bens móveis.
>
> Cabe advertir, nesse ponto, que a locação de bens móveis não se identifica e nem se qualifica, para efeitos constitucionais, como serviço, pois esse negócio jurídico, considerados os elementos essenciais que lhe compõe a estrutura material – não envolve a prática de atos que consubstanciem em um praestare ou um facere.
>
> Na realidade, a locação de bens móveis configura verdadeira obrigação de ar, como resulta claro do art. 1.188 do Código Civil: "Na locação de coisas, uma das partes se obriga a ceder à outra, por tempo determinado, ou não, o uso e gozo de coisa não fungível, mediante certa retribuição".

Diante de tudo o quanto abordado, a definição do conceito constitucional de serviço, como uma obrigação de fazer, a partir das noções de direito privado e mediante observância do artigo 110 do CTN, encampada por boa parte da doutrina, nos parece relevante para a conclusão pretendida no presente trabalho.

Contudo, também para tal finalidade, não se deve ignorar o entendimento daqueles que defendem o conceito constitucional de serviço perante a teoria da obrigação de fazer, como algo cada vez mais ultrapassado, utilizando-se de novos critérios de interpretação.

Sob tal enfoque, a classificação das obrigações em "obrigação de dar", de "fazer" e "não fazer", teria cunho eminentemente civilista, ao passo que o Direito Privado teria um conceito de serviço mais abrangente, de cunho eminentemente econômico e, como tal, mais apropriado para o enquadramento dos produtos e serviços resultantes da atividade econômica.

Nesse particular, o cunho econômico buscado pelos defensores dessa amplitude do conceito constitucional de serviço encontra guarida na definição de empresário, da atividade econômica empresarial e dos produtos dela resultantes.

A esse respeito, convém lembrar que o artigo 966 do atual Código Civil[35], traz a definição de empresário nos seguintes termos:

> **Art. 966.** Considera-se empresário quem exerce profissionalmente atividade econômica organizada para a produção ou a circulação de bens ou de serviços.

Com efeito, o conceito econômico de serviço revelar-se-ia justamente na dicotomia das expressões bens e serviços como produtos resultantes da atividade empresarial e na fronteira existente para separação de ambos.

A esse respeito, cabe uma breve digressão para lembrar que sendo a circulação de bens tributada pelo ICMS, assim entendida como a transferência de titularidade de um bem móvel e corpóreo ou tangível destinado à mercancia, os serviços por sua vez – exceção feita àqueles cujo legislador constitucional reservou à tributação pelo ICMS, e mesmo pelo IOF – estariam no campo de incidência do ISS.

Dito de outra forma, excluídos os bens móveis corpóreos resultantes da atividade econômica (e os serviços cuja competência foi reservada pelo legislador constitucional), os bens incorpóreos resultantes dessa mesma atividade, enquadrar-se-iam, de forma residual, no conceito

---

[35] BRASIL. Lei nº 10.406, de 10 de janeiro de 2002. Diário Oficial da República Federativa do Brasil, Brasília, 11 de janeiro de 2002.

econômico de serviço, o que estaria evidenciado na própria Constituição Federal diante da expressão "de qualquer natureza" atinente aos serviços tributáveis pelo ISS.

De fato, a tangibilidade ou corporificação dos bens resultado da atividade econômica como uma fronteira entre as aludidas espécies tributárias e esse caráter residual do ISS advindo da expressão "de qualquer natureza" são bem elucidados nas lições de ALBERTO MACEDO[36]:

> Essa adjetivação "de qualquer natureza", aliás, faz muito mais sentido quando se entende que o constituinte incorporou o conceito econômico de serviços. Isso porque, diferentemente do conceito de serviços no Direito Civil (e não no Direito Privado como um todo) – que não demanda maiores exercícios interpretativos, por ser facilmente apreensível (embora dificilmente aplicável numa série de atividades econômicas) –, o conceito de serviços na Economia, de maneira distinta, já apresenta, de pronto, uma vagueza semântica caracterizada pelo conjunto de atividades econômicas que não consubstanciam, como produtos, bens materiais. Tal vagueza, ao ser acompanhada da expressão "de qualquer natureza", denota que é tributável pelo ISS toda a residualidade desse conceito no universo da atividade econômica, depois de afastados os serviços de comunicação e de transporte interestadual ou intermunicipal, tributáveis pelo ICMS; os serviços financeiros, tributáveis pelo IOF.

A questão da intangibilidade ou ausência de corporificação do bem resultado da atividade econômica como aspecto relevante e determinante a demarcar o conceito econômico do ISS, já há tempos foi destacada por BERNARDO RIBEIRO DE MORAES[37]:

> Serviço, portanto, vem a ser o resultado da atividade humana na criação de um bem que não se apresenta sob a forma de bem material, v.g., a atividade do transportador, do locador de bens imóveis, do médico, etc.

---

[36] MACEDO, Alberto. ISS – O Conceito Econômico de Serviços Já Foi Juridicizado Há Tempos Também pelo Direito Privado. In: XII Congresso Nacional de Estudos Tributários – **Direito Tributário e os Novos Horizontes do Processo**. MACEDO, Alberto [et all]. – São Paulo: Editora Noeses, 2015, p. 71/79).

[37] MORAES, Bernardo Ribeiro de. **Doutrina e Prática do Imposto sobre Serviços**. 1ª Ed, 3ª tiragem. São Paulo: Editora Revista dos Tribunais, 1984, p. 42/43.

O conceito econômico de "prestação de serviço" (fornecimento de bem imaterial) não se confunde nem se equipara ao conceito de "prestação de serviços" do direito civil, que é conceituado como fornecimento apenas de trabalho (prestação de serviços é o fornecimento mediante remuneração, do trabalho a terceiro). O conceito econômico não se apresenta acanhado, abrange tanto o simples fornecimento de trabalho (prestação de serviços de direito civil) como outras atividades: v.g.: locação de bens móveis, transporte, publicidade, hospedagem, diversões públicas, cessão de direitos, depósito, execução de obrigações de não fazer, etc. (venda de bens imateriais).

Sob tal enfoque, portanto, o conceito constitucional de serviço não teria como base a configuração dada exclusivamente pelo Direito Civil, ao revés, estaria mais afeita àquela definição econômica, incorporada não só pelo Direito Privado, mas pelo próprio texto constitucional, enquanto uma utilidade ofertada, decorrente do conjunto de atividades econômicas – definidas em Lei Complementar – que não consubstanciam, como produtos, bens materiais.

Sobre o tema, em especial acerca da definição de serviços a partir da utilidade ofertada, válidas são as lições de MARCO AURELIO GRECO[38]:

O mundo moderno tem mostrado que a atividade não é mais o único elemento relevante para definir os valores das negociações realizadas.

Se olhar do ângulo do produtor levou à identificação da atividade exercida como elemento relevante (inclusive para fins de tributação), olhar do ângulo do cliente leva ao surgimento de uma outra figura, que é a utilidade. Muito frequentemente, as pessoas se dispõem a pagar determinada remuneração não pela natureza ou dimensão da atividade exercida pela outra pessoa, mas, principalmente, pela utilidade que vão obter. O valor não está mais apenas na atividade do prestador, mas também na utilidade obtida pelo cliente.

Diante desta realidade, utilizar o conceito de serviço (como expressivo de uma atividade) para fins de qualificação da matéria tributável é, também, deixar à margem da tributação significativa parcela da atividade econômica exercida no mercado e que é formada pelo fornecimento de utilidades, no

---

[38] GRECO, Marco Aurélio. **Internet e Direito**. 2ª ed. São Paulo: Dialética, 2000. P. 54/55.

mais das vezes imateriais e que resultam de atividades novas, não alcança-das pelo conceito tradicionalmente utilizado. Por isso, sem prejuízo dos avanços que a interpretação pode trazer, entendo pertinente uma alteração na norma constitucional atributiva de competência tributária relativa a ser-viços para substituir o conceito de serviço pelo de 'utilidade', mais consen-tâneo com a realidade atual, inclusive tecnológica.

Importante observar que uma maior amplitude do conceito de ser-viço tributáveis estabelecido pelo legislador constitucional ganhou ecos no STF, por ocasião do julgamento dos Recursos Extraordinários – RE nº 547.245/SC[39] e 592.205/SC[40], cujas ementas, de igual teor, são repro-duzidas a seguir:

RECURSO EXTRAORDINÁRIO. DIREITO TRIBUTÁRIO. ISS. ARREN-DAMENTO MERCANTIL. OPERAÇÃO DE LEASING FINANCEIRO. ARTIGO 156, III, DA CONSTITUIÇÃO DO BRASIL. O arrendamento mercantil compreende três modalidades, [i] o leasing operacional, [ii] o leasing financeiro e [iii] o chamado lease-back. No primeiro caso há loca-ção, nos outros dois, serviço. A lei complementar não define o que é servi-ço, apenas o declara, para os fins do inciso III do artigo 156 da Constituição. Não o inventa, simplesmente descobre o que é serviço para os efeitos do in-ciso III do artigo 156 da Constituição. No arrendamento mercantil (leasing financeiro), contrato autônomo que não é misto, o núcleo é o financiamen-to, não uma prestação de dar. E financiamento é serviço, sobre o qual o ISS pode incidir, resultando irrelevante a existência de uma compra nas hipó-teses do leasing financeiro e do lease-back. Recurso extraordinário a que se nega provimento.

Por bem abordar o tema, válido o destaque ao seguinte trecho do voto do Relator, Ministro Eros Grau:

---

[39] Brasil. **Supremo Tribunal Federal**. RE nº 547.245/SC. Recorrente: MUNICÍPIO DE ITAJAÍ. Recorrida: BANCO FIAT S/A. Relator Eros Grau. Tribunal Pleno. Julgado em 02/12/2009, DJe-040 DIVULG 04-03-2010 PUBLIC 05-03-2010.
[40] Brasil. **Supremo Tribunal Federal**. RE nº 592.905/SC. Recorrente: HSBC INVEST-MENT BANK BRASIL S/A. Recorrida: MUNICÍPIO DE CAÇADOR. Relator Eros Grau. Tribunal Pleno. Julgado em 02/12/2009, DJe-040 DIVULG 04-03-2010 PUBLIC 05-03--2010.

Em síntese, há serviços, para os efeitos do inciso III do artigo 156 da Constituição que, por serem de qualquer natureza, não consubstanciam típicas obrigações de fazer. Racioncínio adverso a este conduziria à afirmação de que haveria serviço apenas nas prestações de fazer, nos termos do que define o direito privado. Note-se, contudo, que afirmação como tal faz tábula rasa da expressão "de qualquer natureza" afirmada do texto constitucional.

De fato, nos julgamentos em tela, o STF conferiu a amplitude do conceito constitucional de serviço abordada linhas acima, delimitada, como se observa, pela Lei Complementar que, por sua vez, "não define o que é serviço, apenas o declara, para os fins do inciso III do artigo 156 da Constituição."

Mais recentemente, ainda, ao debruçar-se uma vez mais sobre o tema por ocasião do Recurso Extraordinário – RE nº 651.703/PR[41], cuja repercussão geral foi reconhecida, o STF encampou a ampliação do conceito constitucional de serviço aqui tratada. Confira-se

6. O texto constitucional ao empregar o signo "serviço", que, a priori , conota um conceito específico na legislação infraconstitucional, não inibe a exegese constitucional que conjura o conceito de Direito Privado.

7. A exegese da Constituição configura a limitação hermenêutica dos arts. 109 e 110 do Código Tributário Nacional, por isso que, ainda que a contraposição entre obrigações de dar e de fazer, para fins de dirimir o conflito de competência entre o ISS e o ICMS, seja utilizada no âmbito do Direito Tributário, à luz do que dispõem os artigos 109 e 110, do CTN, novos critérios de interpretação têm progressivamente ampliado o seu espaço, permitindo uma releitura do papel conferido aos supracitados dispositivos.

8. A doutrina do tema, ao analisar os artigos 109 e 110, aponta que o CTN, que tem status de lei complementar, não pode estabelecer normas sobre a interpretação da Constituição, sob pena de restar vulnerado o princípio da sua supremacia constitucional.

[...]

---

[41] Brasil. **Supremo Tribunal Federal**. RE nº 651703/PR. Recorrente: Hospital Marechal Cândido Rondon Ltda.. Recorrida: Secretário Municipal de Finanças de Marechal Cândido Rondon. Relator Luiz Fux. Tribunal Pleno. julgado em 29/09/2016, DJe-086 DIVULG 25-04-2017 PUBLIC 26-04-2017.

15. A classificação das obrigações em "obrigação de dar", de "fazer" e "não fazer", tem cunho eminentemente civilista, como se observa das disposições no Título "Das Modalidades das Obrigações", no Código Civil de 2002 (que seguiu a classificação do Código Civil de 1916), em: (i) obrigação de dar (coisa certa ou incerta) (arts. 233 a 246, CC); (ii) obrigação de fazer (arts. 247 a 249, CC); e (iii) obrigação de não fazer (arts. 250 e 251, CC), não é a mais apropriada para o enquadramento dos produtos e serviços resultantes da atividade econômica, pelo que deve ser apreciada cum grano salis.

16. A Suprema Corte, ao permitir a incidência do ISSQN nas operações de leasing financeiro e leaseback (RREE 547.245 e 592.205), admitiu uma interpretação mais ampla do texto constitucional quanto ao conceito de "serviços" desvinculado do conceito de "obrigação de fazer" (RE 116.121), verbis: "EMENTA: RECURSO EXTRAORDINÁRIO. DIREITO TRIBUTÁRIO. ISS. ARRENDAMENTO MERCANTIL. OPERAÇÃO DE LEASING FINANCEIRO. ARTIGO 156, III, DA CONSTITUIÇÃO DO BRASIL. O arrendamento mercantil compreende três modalidades, [i] o leasing operacional, [ii] o leasing financeiro e [iii] o chamado leaseback. No primeiro caso há locação, nos outros dois, serviço. A lei complementar não define o que é serviço, apenas o declara, para os fins do inciso III do artigo 156 da Constituição. Não o inventa, simplesmente descobre o que é serviço para os efeitos do inciso III do artigo 156 da Constituição. No arrendamento mercantil (leasing financeiro), contrato autônomo que não é misto, o núcleo é o financiamento, não uma prestação de dar. E financiamento é serviço, sobre o qual o ISS pode incidir, resultando irrelevante a existência de uma compra nas hipóteses do leasing financeiro e do leaseback. Recurso extraordinário a que se nega provimento." (grifo nosso)(RE 592905, Relator Min. EROS GRAU, Tribunal Pleno, julgado em 02/12/2009).

17. A lei complementar a que se refere o art. 156, III, da CRFB/88, ao definir os serviços de qualquer natureza a serem tributados pelo ISS a) arrola serviços por natureza; b) inclui serviços que, não exprimindo a natureza de outro tipo de atividade, passam à categoria de serviços, para fim de incidência do tributo, por força de lei, visto que, se assim não considerados, restariam incólumes a qualquer tributo; e c) em caso de operações mistas, afirma a prevalência do serviço, para fim de tributação pelo ISS.

18. O artigo 156, III, da CRFB/88, ao referir-se a serviços de qualquer natureza não os adstringiu às típicas obrigações de fazer, já que raciocínio adverso conduziria à afirmação de que haveria serviço apenas nas prestações

A HIPÓTESE DE INCIDÊNCIA E MATERIALIDADE TRIBUTÁRIA

de fazer, nos termos do que define o Direito Privado, o que contrasta com a maior amplitude semântica do termo adotado pela constituição, a qual inevitavelmente leva à ampliação da competência tributária na incidência do ISSQN.

19. A regra do art. 146, III, "a", combinado com o art. 146, I, CRFB/88, remete à lei complementar a função de definir o conceito "de serviços de qualquer natureza", o que é efetuado pela LC nº 116/2003.

20. A classificação (obrigação de dar e obrigação de fazer) escapa à ratio que o legislador constitucional pretendeu alcançar, ao elencar os serviços no texto constitucional tributáveis pelos impostos (v.g., serviços de comunicação – tributáveis pelo ICMS, art. 155, II, CRFB/88; serviços financeiros e securitários – tributáveis pelo IOF, art. 153, V, CRFB/88; e, residualmente, os demais serviços de qualquer natureza – tributáveis pelo ISSQN, art. 156. III, CRFB/88), qual seja, a de captar todas as atividades empresariais cujos produtos fossem serviços sujeitos a remuneração no mercado.

21. Sob este ângulo, o conceito de prestação de serviços não tem por premissa a configuração dada pelo Direito Civil, mas relacionado ao oferecimento de uma utilidade para outrem, a partir de um conjunto de atividades materiais ou imateriais, prestadas com habitualidade e intuito de lucro, podendo estar conjugada ou não com a entrega de bens ao tomador.

Por sua relevância ao abordar a questão do conceito de serviço, válidos os destaques aos seguintes trechos do voto do Ministro Relator, Luiz Fux:

[...]

A conformação constitucional do tema estabelece que a competência municipal para instituir impostos não poderá abranger aqueles já abarcados pela competência estadual, delimitados pelo artigo 155, II, ICMS, assim como aqueles sujeitos à competência federal, delimitados pelo artigo 153, IV e V, vale dizer: IPI e IOF, respectivamente. É dizer, estão excluídos da tributação municipal tanto os serviços de competência tributária estadual, como os serviços de competência tributária da União.

Imperioso ressaltar que não se preconiza a tese da interpretação econômica no Direito Tributário, o que enfraqueceria a segurança jurídica, mas, também, não se predica o primado do Direito Privado como o único critério a nortear a interpretação do texto constitucional.

A doutrina cita como paradigmático nesse tema, o RE 116.121, relativo à incidência do ISSQN sobre a atividade de locação de guindastes. Depois de aproximadamente trinta anos acolhendo a incidência de ISSQN sobre locação de bens móveis, o referido acórdão representou uma guinada na jurisprudência a respeito da interpretação do conceito de serviço tão somente à luz dos conceitos do Direito Privado.

[...]

Ainda que a contraposição entre obrigações de dar e de fazer para fins de dirimir o conflito de competência entre o ISSQN e o ICMS seja utilizada no âmbito do Direito Tributário, à luz do que dispõem os artigos 109 e 110, do CTN, novos critérios de interpretação têm progressivamente ganhado espaço, permitindo uma releitura do papel conferido aos supracitados dispositivos. Ressalte-se que essa área de interseção entre o Direito Civil e o Direito Tributário gera compreensões ambíguas e contraditórios, mostrando-se de difícil conciliação.

[...]

Desta sorte, conclui-se que, embora os conceitos de Direito Civil exerçam um papel importante na interpretação dos conceitos constitucionais tributários, eles não exaurem a atividade interpretativa.

O STF chancelou essa orientação nos RREE 547.245 e 592.905 ao acolher, por votação quase unânime, as considerações dos votos dos Ministros Eros Grau e Joaquim Barbosa.

[...]

Assim, v.g., no caso específico dos tributos sobre o consumo, de que são exemplos o ISSQN e o ICMS, os mesmos se abrem também à interpretação econômica, porque baseados em conceitos elaborados pelo próprio Direito Tributário ou em conceitos tecnológicos, caracterizados por grande fluidez e mutação quanto à sua natureza jurídica.

[...]

Com efeito, a classificação das obrigações em "obrigação de dar", de "fazer" e "não fazer", tem cunho eminentemente civilista. De fato, a disposição no Título "Das Modalidades das Obrigações", no Código Civil de 2002 (que seguiu a classificação do Código Civil de 1916), em: (i) obrigação de dar (coisa certa ou incerta) (arts. 233 a 246, CC); (ii) obrigação de fazer (arts. 247 a 249, CC); e (iii) obrigação de não fazer (arts. 250 e 251, CC), não é a mais apropriada para o enquadramento dos produtos e serviços resultantes da atividade econômica, pelo que deve ser apreciada cum grano salis.

[...]

A HIPÓTESE DE INCIDÊNCIA E MATERIALIDADE TRIBUTÁRIA

Porquanto, a Suprema Corte, no julgamento dos RREE 547.245 e 592.905, ao permitir a incidência do ISSQN nas operações de leasing financeiro e leaseback sinalizou que a interpretação do conceito de "serviços" no texto constitucional tem um sentido mais amplo do que tão somente vinculado ao conceito de "obrigação de fazer", vindo a superar seu precedente no RE 116.121, em que decidira pela adoção do conceito de serviço sinteticamente eclipsada numa obrigação de fazer. Por decorrência lógica, a utilização da expressão "de qualquer natureza" no art. 156, III, da CRFB/88, para conferir maior amplitude semântica a termo a qual leve a ampliação de competência tributária não é novidade na carta constitucional. Recurso análogo foi utilizado pelo legislador constituinte quando, para alargar a competência tributária do imposto de renda, incluiu o termo "proventos" no art. 153, III, da CRFB/88, o qual isoladamente considerado, tem o sentido apenas de remuneração de aposentadoria dos servidores públicos (LEMKE, Gisele. Imposto de Renda. Os conceitos de renda e de disponibilidade econômica e jurídica. São Paulo: Dialética, 1998, p. 60).

[...]

Sob este ângulo, o conceito de prestação de serviços não tem por premissa a configuração dada pelo Direito Civil, mas relacionado ao oferecimento de uma utilidade para outrem, a partir de um conjunto de atividades imateriais, prestados com habitualidade e intuito de lucro, podendo estar conjugada ou não com a entrega de bens ao tomador.

[...]

Nesse contexto, nos parece que a amplitude do conceito constitucional de serviço abordada acima, como contraponto àquela definição oriunda do Direito Civil decorrente de uma obrigação de fazer, é igualmente relevante para a conclusão pretendida no presente trabalho.

4. O contexto da tributação de *softwares* até os dias atuais, a pretensão da tributação do *download* de *softwares* pelo Estado de São Paulo, e o critério objetivo de tributação fixado pelo STF

Estabelecidos os aspectos relevantes das materialidades das espécies tributárias que se pretende explorar no presente trabalho, após serem esgotadas as análises voltadas à natureza jurídica dos *softwares* e sua forma de comercialização e exploração econômica, mostra-se relevante observar o contexto da tributação de *softwares* até os dias atuais, as inovações legislativas buscadas para esse fim e como as autoridades fiscais estaduais e municiais, e a jurisprudência, trabalharam e continuam trabalhando com tais definições e conceitos, para fins de exploração da tributação de *softwares*, até os dias atuais.

Nesse particular, já é de longa data o conflito de competência existente entre Estados e Municípios envolvendo a tributação de *softwares*, respectivamente pelo ICMS ou pelo ISS. Com efeito, a partir de inúmeras discussões doutrinarias e jurisprudenciais envolvendo o tema na década de 90 do século passado que, até então, passavam ao largo da questão das operações envolvendo o *download*, em função da inexistência dessa evolução tecnológica ou sua implementação ainda embrionária naquele contexto, chegou-se a um consenso comum.

Nessa linha, no final da mencionada década (mais precisamente em 1998 e 1999), a Primeira Turma do STF (tribunal que tem competência para, em última instância, apreciar questões que, como a ora tratada, afetam diretamente o texto constitucional já que envolve a competência tributária dos Estados e Municípios), ao julgar os Recursos Extraordinários nº 176.626-3/SP[42] e 199.464-9/SP[43], firmou o entendimento de que: **(a)** o ICMS incidirá apenas sobre a comercialização de *softwares* de "prateleira", assim entendidos aqueles produzidos "em série e comercializados no varejo", ainda que a cobrança se dê a título de licença de uso; e **(b)** haverá a incidência do ISS no caso de *softwares* personalizados, assim entendidos aqueles feitos sob encomenda ou customizados, adaptados às características do seu destinatário. Confira-se, nesse sentido, respectivamente, as ementas desses julgados:

> **(i)   RE nº 176.626-3/SP**
>
> [...]
>
> II. RE: questão constitucional: âmbito de incidência possível dos impostos previstos na Constituição: ICMS e mercadoria. Sendo a mercadoria o objeto material da norma de competência dos Estados para tributar-lhe a circulação, a controvérsia sobre se determinado bem constitui mercadoria é questão constitucional em que se pode fundar o recurso extraordinário.
>
> III. Programa de computador ("software"): tratamento tributário: distinção necessária. Não tendo por objeto uma mercadoria, mas um bem incorpóreo, sobre as operações de "licenciamento ou cessão do direito de uso de programas de computador" "matéria exclusiva da lide", efetivamente não podem os Estados instituir ICMS: dessa impossibilidade, entretanto, não resulta que, de logo, se esteja também a subtrair do campo constitucional de incidência do ICMS a circulação de cópias ou exemplares dos programas de computador produzidos em série e comercializados no varejo – como a do chamado "software de prateleira" (off the shelf) – os quais, materializando o corpus mechanicum da criação intelectual do programa, constituem mercadorias postas no comércio.

---

[42] BRASIL. **Supremo Tribunal Federal**. RE nº 176.626-0/SP. Recorrente: Estado de São Paulo. Recorrida: MUNPS PROCESSAMENTO DE DADOS LTDA. Relator Sepúlveda Pertence. 1ª Turma. Julgado em 10/11/1998, DJ 11-12-1998 PP-00010 EMENT VOL-01935--02 PP-00305 RTJ VOL-00168-01 PP-00305.

[43] BRASIL. **Supremo Tribunal Federal**. RE nº 199.464-9/SP. Recorrente: Estado de São Paulo. Recorrida: BRASOFT PRODUTOS DE INFORMATICA LTDA. Relator Ilmar Galvão. 1ª Turma. Julgado em 02/03/1999, DJ 30-04-1999 PP-00023 EMENT VOL-01948--02 PP-00307.

(ii) RE nº 199.464-9/SP

TRIBUTÁRIO. ESTADO DE SÃO PAULO. ICMS. PROGRAMAS DE COMPUTADOR (SOFTWARE). COMERCIALIZAÇÃO. No julgamento do RE 176.626, Min. Sepúlveda Pertence, assentou a Primeira Turma do STF a distinção, para efeitos tributários, entre um exemplar standard de programa de computador, também chamado "de prateleira", e o licenciamento ou cessão do direito de uso de software. A produção em massa para comercialização e a revenda de exemplares do corpus mechanicum da obra intelectual que nele se materializa não caracterizam licenciamento ou cessão de direitos de uso da obra, mas genuínas operações de circulação de mercadorias, sujeitas ao ICMS. Recurso conhecido e provido.

Em termos práticos, entretanto, cabe lembrar que a legislação que vigorou no Estado de São Paulo até 28 de setembro de 2015, produzindo efeitos até 31 de dezembro de 2015[44], não fazia qualquer distinção – para fins de incidência e cobrança do ICMS – acerca da natureza dos *softwares* transacionados, já que, também como se sabe, a base de cálculo fixada correspondia ao dobro do valor da mídia em que os *softwares* eram disponibilizados.

Com efeito, até 31 de dezembro de 2015, qualquer *software* era tido como sujeito ao ICMS no âmbito do Estado de São Paulo, desde que disponibilizados em mídia física, já que a base de cálculo do referido imposto, nos termos do artigo 50 do Regulamento do ICMS do Estado de São Paulo – RICMS/SP, aprovado pelo Decreto nº 45.490/2000 e, posteriormente, do Decreto nº 51.619/2007, correspondia ao dobro do valor dessa mídia.

Ao adotar a sistemática de cobrança do ICMS acima descrita o Estado de São Paulo, de um lado, abriu mão da arrecadação do ICMS sobre as receitas auferidas nas transações envolvendo os chamados *softwares* "de prateleira" e, de outro lado, não incorreu em elevados custos para fiscalizar a efetiva natureza dos *softwares* transacionados por empresas situadas em território paulista ou a elas destinadas por empresas estabelecidas em outras unidades federadas.

---

[44] Decreto Estadual nº 51.619/2.007.

As empresas situadas neste Estado, por sua vez, deixaram de ter interesse na discussão dessa matéria e, pela imaterialidade dos valores de ICMS incidentes nas transações promovidas, acabaram recolhendo o referido imposto estadual e, também, o ISS, apesar de esse último ser calculado com base nas receitas de licença de uso auferidas.

No entanto, em 28 de setembro de 2015, o Decreto nº 51.619/2007, foi revogado pela edição do Decreto nº 61.522/2015, que passou a produzir efeitos em 01 de janeiro de 2016, tendo em sua exposição de motivos a seguinte redação:

> A revogação proposta tem por objetivo adequar, a partir de 1º de janeiro de 2016, a tributação do ICMS incidente nas referidas operações à adotada em outras Unidades Federadas. Com a revogação, a base de cálculo nas operações com programas de computador passa a ser o valor da operação, que inclui o valor do programa, do suporte informático e outros valores que forem cobrados do adquirente.

Aspecto relevante contido no aludido Decreto paulista decorre do fato de que ao abrir mão da tributação baseada no suporte informático ou seu meio físico, abriu-se, claramente, espaço para a tributação, pelo ICMS, das operações envolvendo operações efetuadas mediante transferência eletrônica de dados (*download*), o que restou convalidado pelas disposições do Convênio ICMS 181/2015, que autorizou os Estados signatários, dentre eles São Paulo, a conceder redução na base de cálculo do ICMS, de forma que a carga tributária corresponda ao percentual de, no mínimo, 5% (cinco por cento) do valor da operação, relativo às operações com softwares, disponibilizados por qualquer meio, inclusive nas operações efetuadas por meio da transferência eletrônica de dados, ou seja, *download.*

A esse respeito, confira-se a Cláusula primeira do aludido ato normativo:

> **Cláusula primeira** Ficam os Estados do Acre, Alagoas, Amapá, Amazonas, Bahia, Ceará, Goiás, Maranhão, Mato Grosso do Sul, Paraná, Paraíba, Pernambuco, Piauí, Rio de Janeiro, Rio Grande do Norte, Rio Grande do Sul, Santa Catarina, São Paulo, Tocantins autorizados a conceder redução na base de cálculo do ICMS, de forma que a carga tributária corresponda ao

percentual de, no mínimo, 5% (cinco por cento) do valor da operação, relativo às operações com softwares, programas, jogos eletrônicos, aplicativos, arquivos eletrônicos e congêneres, padronizados, ainda que sejam ou possam ser adaptados, disponibilizados por qualquer meio, inclusive nas operações efetuadas por meio da transferência eletrônica de dados.

Mais recentemente, foi editado o Convênio ICMS 106/2017[45], que disciplina os procedimentos de cobrança do ICMS incidente nas operações com bens e mercadorias digitais comercializadas por meio de transferência eletrônica de dados e concede isenção nas saídas anteriores à saída destinada ao consumidor final:

Cláusula primeira As operações com bens e mercadorias digitais, tais como softwares, programas, jogos eletrônicos, aplicativos, arquivos eletrônicos e congêneres, que sejam padronizados, ainda que tenham sido ou possam ser adaptados, comercializadas por meio de transferência eletrônica de dados observarão as disposições contidas neste convênio.

Cláusula segunda As operações com os bens e mercadorias digitais de que trata este convênio, comercializadas por meio de transferência eletrônica de dados anteriores à saída destinada ao consumidor final ficam isentas do ICMS.

Cláusula terceira O imposto será recolhido nas saídas internas e nas importações realizadas por meio de site ou de plataforma eletrônica que efetue a venda ou a disponibilização, ainda que por intermédio de pagamento periódico, de bens e mercadorias digitais mediante transferência eletrônica de dados, na unidade federada onde é domiciliado ou estabelecido o adquirente do bem ou mercadoria digital.

Cláusula quarta A pessoa jurídica detentora de site ou de plataforma eletrônica que realize a venda ou a disponibilização, ainda que por intermédio de pagamento periódico, de bens e mercadorias digitais mediante transferência eletrônica de dados, é o contribuinte da operação e deverá inscrever-se nas unidades federadas em que praticar as saídas internas ou de im-

---

[45] Brasil. **Conselho Nacional de Política Fazendária – CONFAZ. CONVÊNIO ICMS 181**, de 29 de setembro de 2017. Disciplina os procedimentos de cobrança do ICMS incidente nas operações com bens e mercadorias digitais comercializadas por meio de transferência eletrônica de dados e concede isenção nas saídas anteriores à saída destinada ao consumidor final.

portação destinadas a consumidor final, sendo facultada, a critério de cada unidade federada:

I – a indicação do endereço e CNPJ de sua sede, para fins de inscrição;

II – a escrituração fiscal e a manutenção de livros e documentos no estabelecimento referido no inciso I;

III – a exigência de indicação de representante legal domiciliado em seu território.

§ 1º A inscrição de que trata o caput será realizada, preferencialmente, por meio da internet, mediante procedimento simplificado estabelecido por cada unidade federada.

§ 2º A critério da unidade federada, poderá ser dispensada a inscrição de que trata esta cláusula, devendo o imposto, neste caso, ser recolhido por meio de Guia Nacional de Recolhimento de Tributos Estaduais – GNRE, ou documento de arrecadação estadual previsto na legislação da respectiva unidade.

Cláusula quinta Nas operações de que trata este convênio, as unidades federadas poderão atribuir a responsabilidade pelo recolhimento do imposto:

I – àquele que realizar a oferta, venda ou entrega do bem ou mercadoria digital ao consumidor, por meio de transferência eletrônica de dados, em razão de contrato firmado com o comercializador;

II – ao intermediador financeiro, inclusive a administradora de cartão de crédito ou de outro meio de pagamento;

III – ao adquirente do bem ou mercadoria digital, na hipótese de o contribuinte ou os responsáveis descritos nos incisos anteriores não serem inscritos na unidade federada de que trata a cláusula quarta;

IV – à administradora de cartão de crédito ou débito ou à intermediadora financeira responsável pelo câmbio, nas operações de importação.

Cláusula sexta A pessoa jurídica que der saída do bem ou mercadoria digital na forma de que trata este convênio deverá emitir Nota Fiscal Eletrônica – NF-e, modelo 55.

Cláusula sétima Este convênio entra em vigor na data da publicação de sua ratificação nacional no Diário Oficial da União, produzindo efeitos a partir do primeiro dia do sexto mês subsequente ao da sua publicação.

A edição do aludido convênio, cuja eficácia se deu em abril de 2018, buscou preencher algumas lacunas em relação a tributação do *download*

O CONTEXTO DA TRIBUTAÇÃO DE *SOFTWARES* ATÉ OS DIAS ATUAIS

de *softwares* pelos entes tributantes estaduais, que inclusive haviam levado o Estado de São Paulo a suspender previamente a exigência do ICMS[46] nessas operações.

O Estado de São Paulo, por meio do Decreto nº 63.099/2017, com efeitos a partir de 1º de abril de 2018, foi o primeiro Estado a internalizar as disposições do Convênio ICMS 106/2017[47], operacionalizando de vez a possibilidade de exigência do ICMS sobre o *download* de *softwares*[48].

Com efeito, segundo a disciplina do aludido Convênio, fielmente reproduzida pelo Decreto paulista e posteriores regulamentações, o ICMS sobre o download de softwares será recolhido nas saídas internas e nas importações realizadas por meio de site ou de plataforma eletrônica que efetue a venda ou a disponibilização, ainda que por intermédio de pagamento periódico, à unidade federada onde é domiciliado ou estabelecido o adquirente do bem ou mercadoria digital, sendo que as saídas anteriores àquela destinada ao consumidor final serão isentas.

Ainda, o aludido convênio possui uma série de regramentos quanto ao contribuinte responsável pelo pagamento do imposto e o cumprimento de obrigações acessórias, aspectos esses que somados à definição do local de recolhimento comportam críticas já que se tratam de matérias reservadas à disciplina por meio de Lei Complementar.

Não obstante, nos parece evidente que a partir dessas inovações legislativas, inaugura-se um novo cenário envolvendo a tributação de

---

[46] Vale lembrar que, de acordo com o Decreto nº 61.791/2016, o ICMS sobre o download de softwares no Estado de São Paulo não seria exigido enquanto não fosse definido o estabelecimento responsável pelo pagamento do imposto. Tal limitação foi derrubada pelo Decreto nº 63.099/2017, que a partir de abril de 2018 instituiu a cobrança do imposto cujo responsável pelo recolhimento será *"site ou a plataforma eletrônica que realize a venda ou a disponibilização, ainda que por intermédio de pagamento periódico, de bens e mercadorias digitais mediante transferência eletrônica de dados"*, e o imposto devido à a favor da unidade federada onde estiver domiciliado ou estabelecido o adquirente.

[47] Tal como se observará, não está no escopo do presente trabalho uma análise acerca da constitucionalidade duvidosa do aludido Convênio, seja por extrapolar suas finalidades enquanto instrumento normativo, seja por abordar matéria reservada à Lei Complementar, nos termos da Constituição Federal, artigo 146.

[48] Ainda, foi publicada, em 24 de março de 2018, a Portaria CAT nº 24/2018, editada pelo Estado de São Paulo, que dispõe acerca das operações com bens e mercadorias digitais realizadas por meio de transferência eletrônica de dados, no que se inclui o download de softwares.

softwares pelos Estados, incluindo aqueles comercializados mediante transferência eletrônica (*download*).

Por outro lado, não se pode negar que a tentativa de tributação de *softwares* por parte dos Estados a partir do "valor da operação", inclusive por meio de *download*, tanto quanto ocorreu ao tempo da utilização do suporte informático para fins de exploração econômica ou comercialização, poderá trazer um novo marco ao conflito de competência entre Estados e Municípios envolvendo a tributação dessa atividade.

De fato, tal especulação se mostra lógica, principalmente porque, até então, como se disse, os contribuintes sequer se atentavam ao tema já que, pela imaterialidade dos valores de ICMS incidentes nas transações promovidas, acabavam recolhendo o referido imposto estadual baseado no dobro do suporte informático e, também, o ISS, apesar de esse último ser calculado com base nas receitas de licença ou cessão de uso auferidas.

No entanto, diante da novel previsão legal, como acomodar a tributação de *software* pelo ICMS, que se baseará no valor da operação, se para fins do ISS a tributação se dá com base nas receitas de licença ou cessão de uso auferidas, o que em nada se difere do valor da operação?

De fato, em princípio, a resposta mais lógica a tal questionamento dirá que o critério objetivo de tributação fixado pelo STF a esse respeito, entre *softwares* personalizados ou por encomenda e "de prateleira", seria suficiente ao deslinde da controvérsia.

Contudo, ainda assim, outras perguntas não menos relevantes passam a surgir: Tal critério seria suficiente? É ele efetivamente respeitado pelas autoridades fiscais, conferindo segurança jurídica aos contribuintes? E, finalmente, será mesmo, que devemos nos preocupar com tantos questionamentos se analisadas as materialidades tributárias do ICMS e ISS em confronto com a possibilidade de tributação de *softwares*, inclusive via *download*?

Com efeito, no tópico a seguir tentaremos verificar como as autoridades fiscais e a jurisprudência têm enfrentado tais questões, para então, nós tópicos finais do presente trabalho, apresentarmos a conclusão a nosso ver mais relevante, qual seja, pela possibilidade, ou não, da tributação de *softwares*, inclusive por meio do *download*, ao menos no cenário atual, considerando as espécies tributárias analisadas e suas respectivas materialidades ou hipóteses de incidência.

4.1 O entendimento das autoridades fiscais do Estado de São Paulo acerca da tributação (do *download*) de *softwares*;

A Consultoria Tributária da Secretaria da Fazenda do Estado de São Paulo – SEFAZ/SP, órgão vinculado à Coordenadoria de Administração Tributária Estadual e responsável pela resposta às consultas formais formuladas pelos contribuintes paulistas – nos termos dos artigos 104 a 107 da Lei nº 6.374/1989[49], que institui o ICMS em âmbito Estadual –

---

[49] **Artigo 104** – Todo aquele que tenha legítimo interesse pode formular consulta sobre interpretação e aplicação da legislação tributária estadual, nas condições estabelecidas em regulamento.

§ 1º – A apresentação da consulta pelo contribuinte ou responsável, inclusive pelo substituto, impede, até o término do prazo fixado na resposta, o início de qualquer procedimento fiscal destinado à apuração de infração relacionada com a matéria consultada.

§ 2º – A consulta, se o imposto for considerado devido, não elide a incidência da correção monetária e dos demais acréscimos legais, dispensada a exigência dos juros de mora e da multa de mora, se formulada no prazo previsto para o recolhimento normal do imposto e se o interessado adotar o entendimento contido na resposta, no prazo que lhe for assinalado.

Artigo 105 – Não produzirá qualquer efeito a consulta formulada:

I – sobre fato praticado por estabelecimento, em relação ao qual tiver sido:

a) lavrado auto de infração;

b) lavrado termo de apreensão de mercadorias, de livros ou de documentos;

c) lavrado termo de início de verificação fiscal;

d) expedida notificação, inclusive nos termos do artigo 103;

II – sobre matéria objeto de ato normativo;

III – sobre matéria que tiver sido objeto de decisão proferida em processo administrativo já findo, de interesse do consulente;

IV – sobre matéria objeto de consulta anteriormente feita pelo consulente e respondida pelo órgão competente;

V – em desacordo com as normas da legislação pertinente à consulta.

Parágrafo único – O termo a que se refere a alínea "c" do inciso I deixará de ser impediente de consulta depois de decorridos 90 (noventa) dias contados da data da sua lavratura ou de sua prorrogação determinada pela autoridade competente, conforme dispuser o regulamento.

Artigo 106 – A resposta aproveita exclusivamente ao consulente, nos exatos termos da matéria de fato descrita na consulta.

Parágrafo único – A observância, pelo consulente, da resposta dada à consulta, exime-o de qualquer penalidade e exonera-o do pagamento do imposto considerado não devido, enquanto prevalecer o entendimento nela consubstanciado.

Artigo 107 – A resposta dada à consulta pode ser modificada ou revogada a qualquer tempo.

Parágrafo único – A revogação ou modificação produzirá efeitos a partir da ciência do consulente ou a partir da vigência de ato normativo.

possui inúmeras manifestações sobre o tema envolvendo a tributação de *softwares*, inclusive via *download*.

A título ilustrativo, selecionamos duas respostas, editadas já na vigência da novel legislação paulista no tocante à tributação do ICMS sobre *softwares* mediante consideração do valor total da operação, inclusive por meio de *download*.

Destacamos incialmente, a Resposta à Consulta nº 13.194 de 10 de novembro de 2016[50], com a seguinte ementa:

> ICMS – Operações com software por meio de transferência eletrônica de dados (download ou streaming) – Incidência.
>
> I. A comercialização de software, em regra, está sujeita à incidência do ICMS independentemente da forma como se dê, seja por mídia física ou por transferência eletrônica de dados (download ou streaming).
>
> II. Todavia, enquanto não houver definição do local de ocorrência do respectivo fato gerador as operações com softwares por meio de transferência eletrônica de dados (download ou streaming) estão isentas do ICMS (artigo 37 das DDTT do RICMS/SP) e não será exigida pelo Estado de São Paulo a emissão de documentos fiscais relativos a tais operações.

Para fins do presente trabalho, importa-nos destacar, ainda, o seguinte trecho dessa resposta das autoridades fiscais paulistas:

> [...]
>
> 7. No que se refere à forma de comercialização, hoje vemos que os softwares "de prateleira", cujas cópias eram distribuídas em larga escala em meios físicos, também são negociados em meio digital, seja por download ou streaming (utilização do software "na nuvem").
>
> 8. Essa alteração, no entanto, não tem o condão de descaracterizar a natureza de produto desse tipo de software (mercadoria). A circunstância de o adquirente da licença instalar software "de prateleira" (de loja física ou virtual) em sua máquina (download) ou utilizá-lo "na nuvem" por meio de internet (streaming) não descaracteriza a natureza jurídica da operação como comercialização de software pronto.

---

[50] Disponibilizado no *site* da SEFAZ em 17/11/2016.
http://info.fazenda.sp.gov.br/NXT/gateway.dll?f=templates&fn=default.htm&vid=sefaz_tributaria:vtribut

9. No âmbito da legislação paulista, destaque-se que o Decreto 61.522/2015, revogou, a partir de 1º de janeiro de 2016, o Decreto 51.619/2007, que previa redução de base de cálculo nas operações com software, de maneira que o imposto era calculado sobre o correspondente ao dobro do valor de mercado do seu suporte informático.

10. Nesse sentido, a legislação paulista prevê, desde 1º de janeiro de 2016, que:

10.1. nas operações com softwares, programas, aplicativos e arquivos eletrônicos, padronizados, ainda que sejam ou possam ser adaptados, disponibilizados por qualquer meio, haverá redução de base de cálculo, de modo que a carga tributária corresponda a 5% (cinco por cento) do valor da operação (artigo 73 do Anexo II do RICMS/2000);

10.2. não será exigido o imposto em relação às operações com softwares, programas, aplicativos, arquivos eletrônicos, e jogos eletrônicos, padronizados, ainda que sejam ou possam ser adaptados, quando disponibilizados por meio de transferência eletrônica de dados (download ou streaming), até que fique definido o local de ocorrência do fato gerador para determinação do estabelecimento responsável pelo pagamento do imposto (artigo 37 das Disposições Transitórias – DDTT do RICMS/2000).

11. Dessa maneira, a comercialização de software está sujeita à incidência do ICMS independentemente da forma como se dê, seja por mídia física ou por transferência eletrônica de dados (download ou streaming). [...].

Como se observa, aparentemente, além de observar a suspensão de eficácia da tributação (via *download*) à época já por nós antes indicada, a resposta apresentada pelas autoridades fiscais paulistas estaria, aparentemente, a respeitar o critério objetivo de tributação fixado pelo STF, entre as figuras dos *softwares* personalizados (para fins de ISS) e "de prateleira" (para fins do ICMS). Exatamente no mesmo sentido, é a Resposta à Consulta nº 10.382 de 28 de junho de 2016[51], cuja ementa segue abaixo reproduzida:

ICMS – Operações com software por meio de transferência eletrônica de dados (download ou streaming) – Incidência – Documento fiscal.

[51] Disponibilizado no *site* da SEFAZ em 04/07/2016.
http://info.fazenda.sp.gov.br/NXT/gateway.dll?f=templates&fn=default.htm&vid=sefaz_tributaria:vtribut

I. A comercialização de software, em regra, está sujeita à incidência do ICMS independentemente da forma como se dê, seja por mídia física ou por transferência eletrônica de dados (download ou streaming).

II. Todavia, enquanto não houver definição do local de ocorrência do respectivo fato gerador as operações com softwares por meio de transferência eletrônica de dados (download ou streaming) estão isentas do ICMS (artigo 37 das DDTT do RICMS/SP) e não será exigida pelo Estado de São Paulo a emissão de documentos fiscais relativos a tais operações.

Muito embora em linha com o entendimento antes reproduzido, as autoridades fiscais também tenham partido para o critério objetivo de tributação fixado pelo STF, como ponto distintivo entre a tributação da atividade entre uma ou outra espécie tributária, o fato é que ao se aprofundar mais claramente sobre os elementos norteadores de seus critérios, as autoridades fiscais paulistas adentram a questões de maior relevância e que certamente implicam, no já antes citado, novo marco ao conflito de competência entre Estados e Municípios. Senão vejamos:

[...]

3. Desse modo, os programas de computador desenvolvidos para clientes, de forma personalizada, são serviços e geram incidência de tributo do ISS. Diferentemente, se o programa não foi concebido e desenvolvido para atender a encomenda de um específico cliente, trata-se de mercadoria e a venda é gravada com o ICMS.

4. Neste ponto, ressalte-se que o ICMS incide sobre a operação com software e não sobre o suporte informático que eventualmente o contenha ou preserve (CDs, DVDs, etc.). Isto é, o ICMS incide sobre todos os custos associados à operação com programas de computador, seja a título de mídia, licença ou cessão de uso, ou outra designação, visto que o regime civil de proteção dos direitos relativos aos softwares (seja o regime tradicional de propriedade ou o regime específico da propriedade intelectual) não descaracteriza a incidência do ICMS.

[...]

10. No âmbito da legislação paulista, destaque-se que o Decreto 61.522/2015, revogou, a partir de 1º de janeiro de 2016, o Decreto 51.619/2007, que previa redução de base de cálculo nas operações com software, de maneira que o imposto era calculado sobre o correspondente ao dobro do valor de mercado do seu suporte informático.

O CONTEXTO DA TRIBUTAÇÃO DE *SOFTWARES* ATÉ OS DIAS ATUAIS

11. Nesse sentido, a legislação paulista prevê, desde 1º de janeiro de 2016, que:

11.1. nas operações com softwares, programas, aplicativos e arquivos eletrônicos, padronizados, ainda que sejam ou possam ser adaptados, disponibilizados por qualquer meio, haverá redução de base de cálculo, de modo que a carga tributária corresponda a 5% (cinco por cento) do valor da operação (artigo 73 do Anexo II do RICMS/2000);

11.2. não será exigido o imposto em relação às operações com softwares, programas, aplicativos, arquivos eletrônicos, e jogos eletrônicos, padronizados, ainda que sejam ou possam ser adaptados, quando disponibilizados por meio de transferência eletrônica de dados (download ou streaming), até que fique definido o local de ocorrência do fato gerador para determinação do estabelecimento responsável pelo pagamento do imposto (artigo 37 das Disposições Transitórias – DDTT do RICMS/2000).

12. Dessa maneira, a comercialização de software está sujeita à incidência do ICMS independentemente da forma como se dê, seja por mídia física ou por transferência eletrônica de dados (download ou streaming). [...].

De fato, para fins do presente estudo, chama a atenção a conclusão trazida pelas autoridades fiscais paulistas de que o ICMS passará a incidir sobre "todos os custos associados à operação com programas de computador, seja a título de mídia, licença ou cessão de uso, ou outra designação, visto que o regime civil de proteção dos direitos relativos aos softwares (seja o regime tradicional de propriedade ou o regime específico da propriedade intelectual) não descaracteriza a incidência do ICMS."

No mesmo sentido, mais recentemente, válido o destaque à Resposta à Consulta nº 15.093 de 18 de abril de 2017[52]:

ICMS – Operações com software por meio de transferência eletrônica de dados (download ou streaming) – Incidência – Redução de base de cálculo – Emissão de documento fiscal.

I. A comercialização de software padronizado, ainda que seja ou possa ser adaptado, em regra, está sujeita à incidência do ICMS independentemente

---

[52] Disponibilizado no *site* da SEFAZ em 05/05/2017.
http://info.fazenda.sp.gov.br/NXT/gateway.dll?f=templates&fn=default.htm&vid=sefaz_tributaria:vtribut

da forma como se dê, seja por mídia física ou por transferência eletrônica de dados (download ou streaming).

II. Todavia, enquanto não houver definição do local de ocorrência do respectivo fato gerador as operações com softwares padronizados, ainda que sejam ou possam ser adaptados, por meio de transferência eletrônica de dados (download ou streaming) estão isentas do ICMS (artigo 37 das DDTT do RICMS/2000) e não será exigida pelo Estado de São Paulo a emissão de documentos fiscais relativos a tais operações.

[...]

6. Preliminarmente, cumpre esclarecer que em relação aos softwares, a jurisprudência é pacífica quanto à existência de dois tipos de produtos: (i) softwares desenvolvidos sob encomenda, em relação aos quais há preponderância de serviços, já que produzidos especialmente para o consumidor; e (ii) softwares prontos, tidos como "de prateleira", que, uma vez desenvolvidos, são vendidos em larga escala, com pouca ou nenhuma adaptação às necessidades do consumidor que os adquire. Há muito tempo firmou-se o entendimento de que os softwares "de prateleira" são considerados mercadorias e sobre eles há a incidência do ICMS.

7. Desse modo, os programas de computador desenvolvidos para clientes, de forma personalizada, são serviços e geram incidência de tributo do ISS. Diferentemente, se o programa não foi concebido e desenvolvido para atender a encomenda de um específico cliente, trata-se de mercadoria e a venda é gravada com o ICMS.

8. No que se refere à forma de comercialização, hoje vemos que os softwares "de prateleira", cujas cópias eram distribuídas em larga escala em meios físicos, também são negociados em meio digital, seja por download ou streaming (utilização do software "na nuvem").

9. Essa alteração, no entanto, não tem o condão de descaracterizar a natureza de produto desse tipo de software (mercadoria). A circunstância de o adquirente da licença instalar software "de prateleira" (de loja física ou virtual) em sua máquina (download) ou utilizá-lo "na nuvem" por meio de internet (streaming) não descaracteriza a natureza jurídica da operação como comercialização de software pronto.

10. No âmbito da legislação paulista, destaque-se que o Decreto 61.522/2015, revogou, a partir de 1º de janeiro de 2016, o Decreto 51.619/2007, que previa redução de base de cálculo nas operações com

software, de maneira que o imposto era calculado sobre o correspondente ao dobro do valor de mercado do seu suporte informático.

10.1. Nesse ponto, cumpre salientar que a Resposta à Consulta nº 234/2011 foi elaborada quando ainda estava em vigência o Decreto 51.619/2007, de maneira que em relação ao software comercializado por meio de download não era possível exigir o recolhimento do ICMS, pois neste caso não haveria valor para a base de cálculo. No entanto, a referida consulta, em seu item 5, expressamente dispõe que tal operação está sujeita à incidência do imposto.

11. Nesse sentido, a legislação paulista prevê, desde 1º de janeiro de 2016, que:

11.1. nas operações, inclusive importação e revenda no mercado interno, com softwares, programas, aplicativos e arquivos eletrônicos, padronizados, ainda que sejam ou possam ser adaptados, disponibilizados por qualquer meio, haverá redução de base de cálculo, de modo que a carga tributária corresponda a 5% (cinco por cento) do valor da operação (artigo 73 do Anexo II do RICMS/2000);

11.2. não será exigido o imposto em relação às operações, inclusive importação e revenda no mercado interno, com softwares, programas, aplicativos, arquivos eletrônicos, e jogos eletrônicos, padronizados, ainda que sejam ou possam ser adaptados, quando disponibilizados por meio de transferência eletrônica de dados (download ou streaming), até que fique definido o local de ocorrência do fato gerador para determinação do estabelecimento responsável pelo pagamento do imposto (artigo 37 das Disposições Transitórias – DDTT do RICMS/2000).

12. Dessa maneira, a comercialização de software padronizado, ainda que seja ou possa ser adaptado, está sujeita à incidência do ICMS independentemente da forma como se dê, seja por mídia física ou por transferência eletrônica de dados (download ou streaming).

13. Não obstante, enquanto não houver definição do local de ocorrência do fato gerador as operações com softwares padronizados, ainda que sejam ou possam ser adaptados, por meio de transferência eletrônica de dados (download ou streaming) estão isentas do ICMS e não será exigida pelo Estado de São Paulo a emissão de documentos fiscais relativos a tais operações (no caso importação e revenda no mercado interno). Todavia, quanto às operações com software padronizado realizadas por meio de suporte físico, os documentos fiscais deverão ser normalmente emitidos.

14.Por fim, alertamos que, na hipótese de o "software" ser necessariamente vendido conjuntamente com o equipamento (dada a informação de que este não funciona sem aquele), como parte integrante do produto comercializado, ainda que cliente o acesse via "download" ou streaming, o valor referente ao "software" deve compor a base de cálculo do ICMS incidente sobre a operação, conforme prevê o artigo 37, § 1º, item 5, do RICMS/2000.

O destaque a que se dá a tal entendimento, é justamente pelo fato de que até antes da edição da novel legislação paulista que busca a tributação do *software* como um todo, inclusive por meio de *download* – considerando todos os custos associados à operação com programas de computador, seja a título de mídia, licença ou cessão de uso, ou outra designação – os contribuintes sequer se atentavam ao tema já que, pela imaterialidade dos valores de ICMS incidentes nas transações promovidas com base exclusivamente no dobro do valor da mídia em que os *softwares* eram disponibilizados, acabavam recolhendo o referido imposto estadual e, também, o ISS, apesar de esse último ser calculado com base nas receitas de licença de uso auferidas.

Todavia, o fato é que diante dessas novas alterações legislativas, não há mais espaço para a adoção dessa medida, já que também não há como se considerar imaterial a pretensão das autoridades fiscais paulistas em tributar as operações com *softwares*, inclusive por meio de *download*, tendo como base o valor da operação, isto é, a título de mídia, licença ou cessão de uso, ou outra designação.

Por outro lado, ao que se observa, as autoridades fiscais não abrirão mão de tributar as operações com *software*, inclusive por meio de *download*, calculado com base nas receitas de licença de uso auferidas, independentemente do critério objetivo adotado pelo STF.

Tal situação fica extremamente evidente, se analisado o mais recente pronunciamento do Coordenador da Administração Tributária do Estado de São Paulo, por meio da Decisão Normativa CAT nº 4, de 20 de setembro de 2017, cujo teor é o seguinte:

> O Coordenador da Administração Tributária DECIDE, com fundamento no artigo 522 do Regulamento do Imposto sobre Operações Relativas à Circulação de Mercadorias e sobre Prestações de Serviços de Transporte Interestadual e Intermunicipal e de Comunicação – RICMS, aprovado pelo

O CONTEXTO DA TRIBUTAÇÃO DE *SOFTWARES* ATÉ OS DIAS ATUAIS

Decreto 45.490 , de 30.11.2000, APROVAR a proposta da Consultoria Tributária e expedir o seguinte ato normativo:

1. Em relação aos softwares, é possível distinguir dois tipos de produtos: (i) softwares desenvolvidos sob encomenda, em relação aos quais há preponderância de serviços, já que produzidos especialmente para atender as especificidades do contratante; e (ii) softwares prontos que, uma vez desenvolvidos, são vendidos em larga escala, com pouca ou nenhuma adaptação às necessidades do consumidor que os adquire.

2. Com base nessa distinção, a jurisprudência definiu que:

2.1. está sujeito ao ISS apenas o desenvolvimento de software sob encomenda, isto é, os programas de computador elaborados de forma personalizada;

2.2. a ausência de personalização insere o software em uma cadeia massificada de comercialização, outorgando-lhe natureza mercantil e, portanto, sujeito a incidência do ICMS.

3. No que se refere à forma de comercialização, os softwares não personalizados podem ter suas cópias distribuídas em larga escala por meio físico ou serem negociados em meio digital, tanto por download como por streaming (utilização do software "na nuvem"). Essa alteração, no entanto, não tem o condão de descaracterizar a natureza de produto desse tipo de software (mercadoria). A circunstância de o adquirente instalar o software (de loja física ou virtual) em sua máquina (download) ou utilizá-lo "na nuvem" por meio de internet (streaming) não descaracteriza a natureza jurídica da operação como comercialização de software pronto.

4. Portanto, há incidência do ICMS nas operações com softwares, programas, aplicativos, arquivos eletrônicos, e jogos eletrônicos, padronizados, ainda que sejam ou possam ser adaptados, independentemente da forma como são comercializados.

5. No cálculo do imposto incidente nas operações com as mercadorias objeto dessa decisão normativa – exceto jogos eletrônicos, ainda que educativos, independentemente da natureza do seu suporte físico e do equipamento no qual sejam empregados – fica reduzida a base de cálculo de forma que a carga tributária resulte no percentual de 5% do valor da operação (art. 73 do Anexo II do RICMS).

6. Até que fique definido o local de ocorrência do fato gerador para determinação do estabelecimento responsável pelo pagamento do imposto (artigo 37 das Disposições Transitórias – DDTT do RICMS/2000):

6.1. não será exigido o imposto em relação às operações com softwares, programas, aplicativos, arquivos eletrônicos, e jogos eletrônicos, padronizados, ainda que sejam ou possam ser adaptados, quando disponibilizados por meio de transferência eletrônica de dados (download ou streaming);

6.2. não será exigida a emissão de documentos fiscais relativos às operações descritas no item 6.1.

7. Esta decisão entra em vigor na data de sua publicação.

Portanto, o entendimento acima que, diga-se, é vinculante, deixa claro o posicionamento das autoridades fiscais paulistas acerca da tributação de *softwares* mediante observância do critério definido pelo STF, mas independentemente da forma como são comercializados.

Ainda, cabível esclarecer que em sua mais recente manifestação acerca da tributação envolvendo o *download* de *software*, a antes citada Portaria CAT nº 24/2018, publicada em 24 de março de 2018, as autoridades fiscais paulistas deixaram de mencionar a tributação de *software* "comercializado" pelo chamado *"streaming"*. Contudo, tal fato, a nosso ver, representa apenas uma adequação terminológica, já que aludido ato regulamentar segue apontando para tributação de *software* quando de sua utilização "na nuvem". Ou seja, parece-nos que houve uma adequação por parte das autoridades fiscais à medida em que a exploração de *software* "na nuvem" não se confunde necessariamente com as operações envolvendo o *streaming* sujeitas ao ISS por força do item 1.09 da lista de serviços constante da Lei Complementar nº 116/2003.

De toda forma, tal como se passará a demonstrar, a título de exemplo, na visão das autoridades fiscais municipais paulistanas, a única atividade relacionada a *softwares* tributada exclusivamente pelo ISS, é a elaboração de programas de computadores, inclusive de jogos eletrônicos, prevista no item 1.04 da lista anexa à LC nº 116/2003. Já o licenciamento ou cessão de direito de uso de programas de computação, descrito no item 1.05 da mesma lista, seria tributável pelo ISS, ainda que se trate do chamado *software* de "prateleira".

4.2 O entendimento das autoridades fiscais do Município de São Paulo acerca da tributação (do *download*) de *softwares*.

Embora diferentemente do quanto se observou em âmbito estadual, não tenhamos identificado muitas manifestações das autoridades fiscais paulistanas emitidas em resposta à consultas formais de contribuintes, destacamos parcialmente, pela sua relevância para fins do presente trabalho, a Solução de Consulta nº 25, de 08 de junho de 2011, emitida pelo Departamento de Tributação e Julgamento da Secretaria e Finanças do Município de São Paulo:

> ISS – Subitem 1.05 da lista de serviços constante do art. 1º da Lei nº 13.701, de 24 de dezembro de 2003. Código de serviço 02798. Venda de programas de computador padronizados (software de prateleira).
>
> [...]
>
> 2. A consulente alega que comercializa programa de computador para análise de perfil psicológico e entende que tal software é conceituado pela doutrina e jurisprudência como "software de prateleira", ou seja, softwares fabricados em massa, destinados a uma pluralidade de usuários, que perdem as condições de individualidade e exclusividade regidas numa cessão de direito de uso de software e, embora obras intelectuais, entram na área de circulação de mercadorias.
>
> 3. Neste sentido, indaga se está correto o procedimento fiscal adotado pela consulente em não levar à tributação os valores referentes à licença de uso de software, fabricado em massa e destinado a uma pluralidade de usuários.
>
> 4. A consulente juntou ao processo cópia de instrumento particular de cessão de direito de uso de software para exemplificar a atividade objeto da consulta tributária.
>
> 5. A venda de programas de computador padronizados (softwares de prateleira), desempenhada pela consulente, enquadra-se no subitem 1.05 da lista de serviços do art. 1º da Lei nº 13.701, de 24 de dezembro de 2003, relativo ao código de serviço 02798 – Licenciamento ou cessão de direito de uso de programas de computação, inclusive distribuição.
>
> 5.1. Neste caso, há a incidência do ISS, calculado pela aplicação da alíquota de 2%, sendo a base de cálculo do imposto o preço do serviço, consoante art. 1, § 2 e art. 14 da Lei n 13.701, de 24 de dezembro de 2003, e art. 16, I, "a", da Lei n 13.701, de 24 de dezembro de 2003, com a redação da Lei nº 14.256, de 29 de dezembro de 2006.

Tal como se observa, as autoridades fiscais paulistanas ignoram solenemente o critério objetivo de tributação fixado pelo STF, entre as figuras dos *softwares* personalizados (para fins de ISS) e "de prateleira" (para fins do ICMS).

E, se antes como dito, tal fato não seria naturalmente um problema já que o ICMS incidiria, quanto aos softwares "de prateleira", apenas em relação ao suporte informático (o dobro de seu valor), o mesmo não se pode dizer diante do atual cenário legislativo, em que visando tributar as operações de *download* de *software*, a novel legislação paulista passa a considerar, para fins de cálculo do ICMS, todos os custos associados à operação com programas de computador, seja a título de mídia, licença ou cessão de uso, ou outra designação.

Para que não se cogite que o entendimento das autoridades fiscais paulistanas reproduzido acima é isolado, importante destacar algumas outras manifestações no mesmo sentido. Confira-se:

(i) SOLUÇÃO DE CONSULTA SF/DEJUG nº 22, de 16 de setembro de 2014:

ISS – Subitem 1.05 da lista de serviços constante do art. 1º da Lei nº 13.701, de 24 de dezembro de 2003. Código de serviço 02798. Licenciamento ou cessão de direito de uso de programas de computador padronizados.

1. A consulente tem como objeto social a fabricação de ferramentas manuais e equipamentos para manutenção automotiva; a prestação de serviços de usinagem de peças em geral; a prestação de serviços de manutenção e conserto de seus próprios produtos; a produção e comercialização de "softwares" para diagnósticos de eletrônica embarcada automotiva; emissão de laudos de calibração de ferramentas manuais.

2. A consulente pede para que seja informado qual o código de serviço deve usar na venda de programas (softwares) não personalizados elaborados por ela própria.

2.1. A consulente relata que observa os novos modelos lançados pelas montadoras de veículos e desenvolve os programas necessários para diagnosticar os defeitos. Por sua vez, as oficinas mecânicas interessadas em reparar tais veículos adquirem em lojas de ferramentas cópias dos programas ou licenças de uso por tempo indeterminado.

2.2. A consulente ainda informou que não há encomenda das oficinas mecânicas. O desenvolvimento do software ocorreria em face do potencial de venda de múltiplas cópias idênticas.

3. A comercialização de programas de computador padronizados (softwares de prateleira), atividade desempenhada pela consulente, enquadra--se no subitem 1.05 da lista de serviços do art. 1º da Lei nº 13.701, de 24 de

O CONTEXTO DA TRIBUTAÇÃO DE *SOFTWARES* ATÉ OS DIAS ATUAIS

dezembro de 2003, relativo ao código de serviço 02798 do anexo 1 da Instrução Normativa SF/SUREM nº 08, de 18 de julho de 2011 – Licenciamento ou cessão de direito de uso de programas de computação, inclusive distribuição.

(ii) SOLUÇÃO DE CONSULTA SF/DEJUG nº 21, de 25 de julho de 2014

[...]

1. A consulente, regularmente inscrita no CCM – Cadastro de Contribuintes Mobiliários do Município de São Paulo, como prestadora de serviços descritos pelos códigos de serviços 02798 e 02917, tem por objeto social o licenciamento e/ou o sublicenciamento, conforme o caso, de programas de computador (software) de titularidade da sociedade, de qualquer sociedade coligada, controlada ou controladora, ou de terceiros; a prestação de serviços em tecnologia da informação; e a participação no capital social, como sócio ou acionista, de outras empresas, no Brasil ou no exterior.

2. A consulente informa que se dedica à atividade de comercialização de programas de computador (softwares) padronizados, não customizados, por meio de transferência eletrônica (download) efetuada diretamente por seus clientes. O produto comercializado pela consulente é um software para o gerenciamento do fluxo de informações e dados nas atividades relacionadas ao setor de telecomunicações.

3. Trata-se de programa comercializado em série e dirigido a uma pluralidade geral de usuários no setor de telecomunicações. Diante desta particularidade, o referido programa é conhecido como software standard ou de prateleira.

4. A consulente esclarece que a comercialização de seu software se dá pela permissão de utilização do programa ao cliente por meio de um contrato de licença de direito de uso, o que afirma estar de acordo com a legislação federal pertinente.

5. A consulente pondera que o ISS é um imposto que recai sobre a prestação de serviços relacionados na lista de serviços constante do artigo 1º da Lei nº 13.701, de 24 de dezembro de 2003, dentre os quais se destaca o descrito no subitem 1.05 – licenciamento ou cessão de direito de uso de programas de computação. Entende que tal dispositivo não é claro ao determinar se o licenciamento tributável pelo ISS refere-se ao software

elaborado de forma padronizada e sem entrega de tecnologia, como é o caso do produto comercializado pela consulente, ou se está restrito a outros tipos de software, como os customizados, os elaborados por encomenda ou mesmo os padronizados com transferência de tecnologia. O objeto da consulta é, portanto, questionar a incidência do ISS sobre a comercialização de software padronizado fornecido via download e sem abertura do código fonte

6. A fim de distinguir o tipo de software que comercializa, a consulente menciona a existência de softwares 'sob encomenda', os quais são desenvolvidos para atender especialmente às necessidades específicas do adquirente, ou seja, desde o início concebidos para o desempenho de funções que ofereçam soluções especiais particulares; e de softwares 'customizados', que constituem uma forma híbrida entre os padronizados e os feitos sob encomenda, os quais partem de programas básicos que são modificados, acrescentando-se funcionalidades adequadas às necessidades de um cliente particular.

7. Entende que o desenvolvimento e comercialização das diferentes espécies de softwares devem ser encarados como atividades distintas, não se podendo dizer que em todos os casos há uma prestação de serviço sujeita ao ISS. Na verdade, entende que o software que comercializa, o padronizado – por ser disponibilizado em série para quem tiver interesse em adquiri-lo e somente na forma em que é ofertado – é caracterizado como verdadeira mercadoria, sujeitando-se ao ICMS e que, por outro lado, o subitem 1.05 do artigo 1º da Lei nº 13.701/2003 diz respeito ao licenciamento de softwares que envolvem prestação de serviços.

8. Solicita que seja confirmado o seu entendimento sobre o assunto.

9. O subitem 1.05 do artigo 1º da Lei nº 13.701, de 24 de dezembro de 2003, é reprodução fidedigna do subitem 1.05 da lista de serviços anexa à Lei Complementar Federal nº 116, de 31 de julho de 2003 e define expressamente o licenciamento ou cessão de direito de uso de programas de computação como atividade sujeita ao ISS.

10. A definição legal não comporta nenhum tipo de distinção, razão pela qual o ISS incide sobre quaisquer modalidades de licenciamento ou cessão de direito de uso de programas de computação, independentemente do tipo de software comercializado ou da denominação empregada.

11. Portanto, o licenciamento ou cessão de direito de uso de programas de computador padronizados (softwares de prateleira), desempenhado pela

O CONTEXTO DA TRIBUTAÇÃO DE *SOFTWARES* ATÉ OS DIAS ATUAIS

consulente, enquadra-se no subitem 1.05 da lista de serviços do art. 1º da Lei nº 13.701, de 24 de dezembro de 2003, relativo ao código de serviço 02798 do anexo 1 da Instrução Normativa SF/SUREM nº 08, de 18 de julho de 2011 – Licenciamento ou cessão de direito de uso de programas de computação, inclusive distribuição.

12. Neste caso, há a incidência do ISS, calculado pela aplicação da alíquota de 2%, sendo a base de cálculo do imposto o preço do serviço, consoante art. 1º, § 2º e art. 14 da Lei nº 13.701, de 24 de dezembro de 2003, e art. 16, I, "a", da Lei nº 13.701, de 24 de dezembro de 2003, com a redação da Lei nº 14.256, de 29 de dezembro de 2006 [...].

(iii) SOLUÇÃO DE CONSULTA SF/DEJUG nº 8, de 17 de março de 2014

ISS. Subitens 1.05 e 10.02 da Lista de Serviços do art. 1º da Lei nº 13.701/2003. Incidência de ISS sobre serviços de distribuição de senhas de acesso a software destinado à realização de exames médicos.

[...]

6. A consulente também apresentou minuta de contrato de fornecimento a ser firmado com laboratório brasileiro.

6.1. Nesta minuta, está consignado que a consulente detém o direito exclusivo de representação, distribuição e comercialização, para o território nacional (Brasil), de uso dos softwares FIBROTEST e FIBROMAX e que estes softwares consistem em programas capazes de fornecer o resultado do estado do fígado do paciente através da inserção de dados obtidos mediante exame de análises clínicas específico.

6.2. Na cláusula 1.1 desta minuta, o objeto a ser contratado é definido como concessão de senhas para acesso aos programas FIBROTEST e FIBROMAX, sendo que para cada exame realizado será necessária a obtenção de uma senha.

7. Os serviços a serem prestados pela consulente nos termos da minuta descrita no item 6 e denominados como concessão de senhas para acesso aos programas FIBROTEST e FIBROMAX permitem aos contratantes o uso destes softwares.

7.1. Estes serviços encontram-se previstos no subitem 1.05 da Lista de Serviços do art. 1º da Lei 13.701/2003, código de serviços 02798 do Anexo 1 da Instrução Normativa SF/SUREM n° 08, de 18 de julho de 2011, correspondente a licenciamento ou cessão de direito de uso de programas de computação, inclusive distribuição e estão sujeitos à alíquota de 2% sobre o preço dos serviços, nos termos da alínea "a" do inciso I do art. 16 da Lei nº 13.701, de 24/12/03, com a redação dada pelas Leis nº 14.256, de 29/12/06 e nº 15.406, de 08/07/11.

Finalmente, e dada a relevância que o tema desperta juntamente às autoridades fiscais, importante destacar o entendimento exarado pela Secretaria de Finanças paulistana por meio do Parecer Normativo SF 01/2017, em caráter vinculante, acerca do tema. Confira-se:

O SECRETÁRIO MUNICIPAL DA FAZENDA, no uso de suas atribuições legais, CONSIDERANDO a necessidade de uniformizar a interpretação acerca do enquadramento tributário dos negócios jurídicos de licenciamento ou cessão de direito de uso de programas de computação, por meio de suporte físico ou por transferência eletrônica de dados ("download de software") ou quando instalados em servidor externo ("Software as a Service – SaaS"); e CONSIDERANDO a necessidade de assegurar aos agentes administrativos e contribuintes a necessária segurança jurídica para a consecução de suas atividades, RESOLVE:

Art. 1º O Licenciamento ou cessão de direito de uso de programas de computação, por meio de suporte físico ou por transferência eletrônica de dados ("download de software"), ou quando instalados em servidor externo ("Software as a Service – SaaS"), enquadra-se no subitem 1.05 da lista de serviços do "caput" do artigo 1º da Lei nº 13.701, de 24 de dezembro de 2003.

Parágrafo único. O enquadramento a que se refere o "caput", no tocante ao SaaS, não prejudica o enquadramento de parte da sua contratação nos subitens 1.03 e 1.07 da lista de serviços do "caput" do artigo 1º da Lei nº 13.701, de 2003.

Art. 2º O enquadramento tratado no artigo 1º deste parecer normativo independe de o software ter sido programado ou adaptado para atender à necessidade específica do tomador ("software por encomenda") ou ser padronizado ("software de prateleira ou 'off the shelf'").

Art. 3º Este Parecer Normativo, de caráter interpretativo, é impositivo e vinculante para todos os órgãos hierarquizados desta Secretaria, e revoga as disposições em contrário bem como as Soluções de Consulta emitidas antes da publicação deste ato e com ele em desacordo, independentemente de comunicação aos consulentes.

Como se observa, portanto, o cenário atual da legislação, modificada sob o fundamento de tributar operações envolvendo *download* de *softwares*, inaugura, de fato, um novo marco no conflito existente entre Estados e Municípios acerca do tema, até então deixado de lado pela baixa relevância econômica que tal conflito desencadeava.

E isto ocorre essencialmente porque, como se observa, o entendimento das autoridades fiscais municipais, ao menos em São Paulo, é de que o ISS incide sobre o licenciamento ou cessão de direito de uso de programas de computador, sejam eles padronizados ou não.

Embora tenha sido proferida anteriormente aos entendimentos destacado acima, dada a sua relevância e representatividade quanto ao apetite arrecadatório municipal, é válido o destaque à Solução de Consulta nº 65, de 06 de dezembro de 2012, em que o órgão consultivo tributário paulistano analisou a tributação do licenciamento de *softwares* envolvendo serviço de transmissão de conteúdo de vídeo pela internet, a partir da outorga de licença de uso de *software* padronizado pelo desenvolvedor, especialmente projetado para habilitar a transmissão de conteúdo de vídeo aos licenciados[53]. Confira-se o teor dessa à Solução de Consulta:

ISS – Subitem 1.05 da Lista de Serviços da Lei nº 13.701, de 24 de dezembro de 2003. Código de serviço 02798. Licenciamento de software.

1. A consulente, regularmente inscrita no Cadastro de Contribuintes Mobiliários – CCM sob os códigos de serviço 02917 e 03085, tem por objeto social a prestação de serviços de acesso, via internet, a filmes, televisão e outros tipos de conteúdo de entretenimento.

2. Alega a consulente que disponibiliza acesso, através de um mecanismo denominado streaming (tecnologia que permite o envio de informação

---

[53] Nota-se que as autoridades fiscais buscavam a tributação sob o título de licenciamento de software, tido como "de prateleira", até mesmo quando o "serviço" envolvido em nada a ele se relacionada, cabendo lembrar que o serviço em tela, essencialmente de streaming, passou a ser tributável, pelo ISS, apenas recentemente por força do item 1.09 da lista de serviços constante da Lei Complementar nº 116/2003, na redação da Lei Complementar nº 157, de 29 de dezembro de 2016.

multimídia através de pacotes, utilizando redes de computadores, sobretudo a internet), para que os clientes brasileiros possam locar e assistir a filmes e séries cujo acervo pertence à consulente.

3. Esclarece que seus clientes fazem uma assinatura no site da consulente e, por uma tarifa mensal, tais assinantes podem assistir de forma imediata e ilimitada, a filmes e séries elencados em seu site eletrônico.

4. Entende a consulente que sua atividade se assemelha a uma locadora de filmes e, portanto, não há a incidência do ISS sobre a atividade desenvolvida por ela.

(...)

6. A consulente foi notificada a complementar a instrução deste Processo Administrativo com cópias de contratos de prestação de serviço objeto da consulta formulada, sendo que a notificação foi atendida.

6.1. A consulente apresentou o documento intitulado "Termos de Uso", que regulamenta a atividade desenvolvida por ela, e contém a "Política de Privacidade" da sociedade empresária, bem como o "Contrato de Licença de Usuário Final".

6.1.1. De acordo com o disposto nos "Termos de Uso", a Netflix é um serviço de transmissão online que oferece para seus assinantes acesso a filmes, TV e outros produtos de entretenimento audiovisual, transmitidos pela internet para televisores, computadores e outros aparelhos conectados à internet.

6.1.2. Ainda de acordo com os "Termos de Uso", o software de transmissão na Netflix é desenvolvido pela ou para a Netflix e é projetado para habilitar a transmissão online de conteúdo da Netflix através de aparelhos compatíveis.

6.1.3. De acordo com o "Contrato de Licença de Usuário Final", o software contém materiais protegidos por direitos autorais e outras leis de propriedade intelectual aplicáveis nos EUA e em outros territórios e por disposições de tratados internacionais. O software não é vendido nem dado ao usuário, mas licenciado pela Netflix para ser utilizado sob os termos do Contrato de licença.

6.1.4. Referido contrato prevê a concessão de uma licença não exclusiva, limitada, pessoal e intransferível, sujeita ao cumprimento das restrições estabelecidas neste contrato de licença, para a instalação e utilização do software, somente em código objeto, fornecido pela ou em nome da Netflix com relação ao uso do serviço Netflix.

6.2. A consulente esclareceu ainda, mediante notificação, que o contrato apresentado é feito entre o usuário e a Netflix brasileira.

7. À vista de todo o exposto, constata-se que o cliente, ao pagar a tarifa mensal, passa a ter direito a usar o software da Netflix, que lhe permitirá assistir aos vídeos constantes do acervo da consulente.

8. Desta forma, no caso em questão não se verifica locação de bens móveis. O serviço descrito pela consulente, objeto do contrato apresentado, enquadra-se no item 1.05 da lista de serviços constante do art. 1º da Lei 13.701, de 24 de dezembro de 2003, relativo ao código de serviço 02798 – Licenciamento ou cessão de direito de uso de programas de computação, inclusive distribuição – da Instrução Normativa SF/SUREM nº 8, de 18 de julho de 2011.

8.1. Neste caso, há a incidência do ISS, calculado pela aplicação da alíquota de 2%, consoante art. 16, I, "a", da Lei nº 13.701, de 24 de dezembro de 2003, com a redação da Lei nº 15.406, de 8 de julho de 2011.

Também dada sua relevância, já que aborda a evolução da tributação de *softwares* objeto do presente trabalho, especialmente no contexto da alteração legislativa trazida pelo Estado de São Paulo, é válido o destaque à Solução de Consulta nº 11, de 12 de abril de 2016, por meio do qual as autoridades fiscais paulistanas reforçam o entendimento de que independente das alterações legislativas trazidas pelo Estado de São Paulo, "o ISS incide sobre quaisquer modalidades de licenciamento ou cessão de direito de uso de programas de computação, independentemente do tipo de software comercializado ou da denominação empregada." Confira-se:

ISS – Subitem 1.05 da lista de serviços constante do art. 1º da Lei nº 13.701, de 24 de dezembro de 2003. Código de serviço 02798. Licenciamento ou cessão de direito de uso de programas de computador padronizados.

1. A consulente, regularmente inscrita no CCM – Cadastro de Contribuintes Mobiliários do Município de São Paulo, como prestadora de serviços descritos pelos códigos de serviços 01880, 02682, 02690, 02798, 02879, 02917, 03115, 05762 e 07498, tem por objeto social a prestação de serviços de assessoria, consultoria e manutenção tecnológica e de informática; a comercialização de software, a comercialização de livros relacionados com informática e tecnologia e a participação no capital de outras empresas como acionista ou quotista.

2. A consulente alega, inicialmente, que a Lei nº 9.609, de 19 de fevereiro de 1998, conhecida como lei do Software, define programa de computador como sendo a expressão de um conjunto organizado de instruções para fazer equipamentos funcionar de modo e para fins determinados. Alega, todavia, que não existe nesta norma nenhuma qualificação que possa distinguir Software para efeito de tributação.

3. Menciona que desempenha operações com programas de computador, dentre outros serviços, enquadrados nos itens 1.04 e 1.05 do Anexo 1 da Instrução Normativa SF/SUREM n] 8/2011.

4. Assevera a consulente que o Estado de São Paulo, através do Decreto paulista nº 51.619/2007 (revogado), cobrava ICMS nas operações com Software somente sobre o valor do suporte informático (CD, DVD, Blu-ray, Manuais, etc.), reconhecendo que não tinha competência para cobrar sobre o valor total do Software.

5. Informa, também, que em setembro de 2015, o Decreto nº 61.522 revogou a referida legislação e o Estado de São Paulo pretendia passar a cobrar ICMS com a alíquota de 18% sobre o valor total das operações de venda de "Software padronizado".

6. Afirma, contudo, que em janeiro de 2016, o governo de São Paulo publicou um Decreto específico adotando as bases do Convenio 181 do CONFAZ, excluindo de 2 / 3 cobrança do ICMS o Software adquirido via transferência eletrônica "até que fique definido o local da ocorrência do fato gerador para determinação do estabelecimento responsável pelo pagamento do imposto", de acordo com o texto. Assim, somente as operações com Software acompanhado de meio físico terão cobrança de 5% no território paulista.

7. Pondera a consulente que a Lei Complementar nº 116, de 31 de julho de 2003 prevê que ainda que o Software venha acompanhado de meio físico, ele não deve se sujeitar ao ICMS. Portanto, mesmo a cobrança deste tributo praticado pelo Estado de São Paulo até o final do ano passado, tendo como base de incidência o suporte informático, não era prevista na Legislação Federal. Ainda assim, segue a consulente, algumas empresas de Software estabelecidas no Estado optavam por recolher o ICMS por se tratar de um valor baixo de imposto, ainda que recolhessem também o ISS sobre o valor total da operação, sofrendo, portanto, bitributação em parte do valor, ato considerado inconstitucional no Brasil, acentua a consulente.

O CONTEXTO DA TRIBUTAÇÃO DE *SOFTWARES* ATÉ OS DIAS ATUAIS

8. Em vista do exposto acima, indaga:

8.1 A Lei Complementar nº 116, de 2003, estabelece que o ISS tem como fato gerador a prestação de serviços constantes em sua lista anexa. Neste caso, os subitens 1.04 e 1.05 da lista, relativos aos códigos 02690 e 02798, respectivamente, estão sujeitos à incidência do ISS?

8.2 Tendo em vista o Decreto 61.791/16, bem como o Convênio ICMS 81/15, a consulente deve deixar de pagar o ISS em obediência às disposições desses atos legais?

8.3 Sabemos que a bitributação no Brasil é considerada ato inconstitucional. Nessa vereda, caso a empresa opte por recolher o ICMS, a consulente poderá ser autuada por falta de recolhimento do ISS?

9. O subitem 1.05 do artigo 1º da Lei nº 13.701, de 24 de dezembro de 2003, é reprodução fidedigna do subitem 1.05 da lista de serviços anexa à Lei Complementar Federal nº 116, de 2003 e define expressamente o licenciamento ou cessão de direito de uso de programas de computação como atividade sujeita ao ISS.

10. A definição legal não comporta nenhum tipo de distinção, razão pela qual o ISS incide sobre quaisquer modalidades de licenciamento ou cessão de direito de uso de programas de computação, independentemente do tipo de software comercializado ou da denominação empregada.

11. Portanto, a concessão de licença de uso de Software de propriedade da consulente, enquadra-se no subitem 1.05 da lista de serviços do art. 1º da Lei nº 13.701, de 24 de dezembro de 2003, relativo ao código de serviço 02798 do anexo 1 da Instrução Normativa SF/SUREM nº 08, de 18 de julho de 2011 – Licenciamento ou cessão de direito de uso de programas de computação, inclusive distribuição.

12. Neste caso, há a incidência do ISS, calculado pela aplicação da alíquota de 2%, sendo a base de cálculo do imposto o preço do serviço, consoante art. 1º, § 2º e art. 14 da Lei nº 13.701, de 24 de dezembro de 2003, e art. 16, I, "a", da Lei nº 13.701, de 24 de dezembro de 2003, com a redação da Lei nº 14.256, de 29 de dezembro de 2006.

13. A consulente deverá emitir Nota Fiscal de Serviços Eletrônica – NFS-e, nos termos do Decreto nº 53.151, de 17 de maio de 2012, quando da prestação dos serviços enquadrados no subitem 1.05 da lista de serviços do art. 1º da Lei nº 13.701, de 24 de dezembro de 2003.

Como se observa, mesmo à luz das novas alterações legislativas de que trata o presente trabalho, as autoridades fiscais paulistanas seguem pela tributação do licenciamento de *softwares* pelo ISS, reforçando a irrelevância, ao menos na visão dos fiscais municipais, do critério distintivo de tributação fixado pelo STF entre *software* personalizado e "de prateleira", para fins de incidência do ISS ou ICMS, respectivamente.

De fato, tal postura unilateral de um ente tributante de tamanha relevância como o Município de São Paulo, denota a importância do tema abordado no presente estudo, especialmente quanto à renovação do conflito de competência com os Estados.

4.3 A jurisprudência atual

Dado o fato de tratar-se de modificação legislativa relativamente recente, a jurisprudência atual não tem uma posição definida sobre o tema, considerando esse novo cenário.

Sobre esse aspecto, insta ressaltar que o critério objetivo de tributação fixado pelo STF, entre as figuras dos *softwares* personalizados (para fins de ISS) e "de prateleira" (para fins do ICMS), sequer foi estabelecido na vigência da LC nº 116/2003, que trouxe no rol de serviços a ela anexa, o licenciamento ou cessão de direito de uso de programas de computação, descrito no item 1.05.

De todo modo, nos parece relevante analisar os eventuais precedentes existentes envolvendo o tema, novas controvérsias instaladas e seu estágio atual. Para tal propósito, iniciamos tal análise a partir do STF.

Encontra-se atualmente em trâmite perante a corte constitucional, o Recurso Extraordinário – RE nº 688.223/PR[54], sob a relatoria do Ministro Luiz Fux, cuja repercussão geral foi reconhecida pelo plenário virtual do STF em decisão assim relatada:

DIREITO CONSTITUCIONAL E TRIBUTÁRIO. LICENCIAMENTO OU CESSÃO DE DIREITO. PROGRAMAS DE COMPUTADOR PERSONA-LIZADOS (SOFTWARE). INCIDÊNCIA DE ISS. ARTIGO 156, III, DA

---

[54] BRASIL. **Supremo Tribunal Federal**. RE nº 688.223/PR. Recorrente: TIM CELULAR S/A. Recorrida: MUNICÍPIO DE CURITIBA. Relator Luiz Fux. Tribunal Pleno. julgado em 20/09/2012, DJe-195 DIVULG 03-10-2012 PUBLIC 04-10-2012.

CONSTITUIÇÃO FEDERAL. MANIFESTAÇÃO PELA REPERCUSSÃO GERAL.

Decisão: O Tribunal reconheceu a existência de repercussão geral da questão constitucional suscitada. Não se manifestaram os Ministros Gilmar Mendes e Joaquim Barbosa.

[...]

Nas razões do recurso extraordinário, o recorrente aponta violação ao artigos 155, § 3º e 156, III, da Constituição Federal, sustentando que trata-se de operação relativa à telecomunicação e, por isso, imune à cobrança de impostos, ressalvados o ICMS, Imposto de Importação (II) e Imposto de Exportação (IE).

Aduz que a cobrança é equivocada por não se tratar de prestação de serviços, mas sim de uma obrigação de dar. Defende (fl. 331):

Assim, verifica-se clara a violação do art. 156, III, da CF/88, não havendo, portanto, fundamento jurídico que autorize a incidência do ISS sobre licenciamento ou cessão de direito de uso de programas de computação, pois tais atividades simplesmente, não são serviços.

A vexata quaestio, desta feita, cinge-se à definição da incidência do Imposto Sobre Serviços de Qualquer Natureza ISSQN, quanto ao contrato envolvendo a cessão ou licenciamento de programas de computador (software) desenvolvidos para clientes de forma personalizada.

A meu juízo, o recurso merece ter reconhecida a repercussão geral, pois o tema tributário e constitucional versado nestes autos é questão relevante do ponto de vista econômico, político, social e jurídico, ultrapassando os interesses subjetivos da causa, uma vez que as operações e contratos utilizando a cessão ou licenciamento por uso de programas de computador, em serviço personalizado, abrange quantidade significativa de empresas, necessitando o pronunciamento desta Corte.

Ante o exposto, manifesto-me pela existência de repercussão geral e submeto a matéria à apreciação dos demais Ministros da Corte. [...].

O aludido Recurso envolve uma empresa de telefonia e ataca decisão proferida pelo Tribunal de Justiça do Estado do Paraná (TJ-PR) que decidiu contra os seus interesses e pretensões ao firmar o entendimento de que o fornecimento de programas de computador desenvolvidos para clientes de forma personalizada constitui prestação de serviço sujeita a cobrança de ISS e que tal cobrança está prevista no item 1.05 da lista de serviços tributáveis.

A contrário senso, em seu apelo extraordinário, a empresa interessada sustenta que a hipótese em questão não está sujeita a tributação de ISS porque o contrato envolvendo licenciamento ou cessão de *software* não trata de prestação de um serviço, mas sim de "uma obrigação de dar", do que resulta que a pretensa cobrança do ISS representa clara violação aos dispositivos constitucionais, em especial o inciso III do art. 156 da Carta Federal que determina que o critério material da hipótese de incidência do ISS é a "prestação de serviços".

Portanto, em relação a tal discussão, aguarda-se o pronunciamento do STF sobre o tema com Repercussão Geral reconhecida: licenciamento ou cessão de direitos de uso do *software* utilizado nos aparelhos não se submetem ao ISS porque não são uma "obrigação de fazer", mas sim uma "obrigação de dar".

Também tramitando perante o STF e pendente de julgamento – inclusive em sede de liminar – encontra-se a Ação Direta de Inconstitucionalidade – ADI nº 5576[55], ajuizada pela Confederação Nacional de Serviços (CNS) e cuja temática é de grande relevância para o presente trabalho. Isto porque, tal ADI volta-se contra as novas disposições da legislação paulista já aqui analisadas – em especial os Decretos 61.522/2015 e 61.791/2016 – sob o fundamento de que as operações com programas de computador jamais poderiam ser tributadas pelo ICMS, por já estarem arroladas no âmbito de incidência do ISS, conforme define a LC nº 116/2003.

Além do fundamento antes citado, também baseia tal ADI o argumento de que o software, por ser intangível e incorpóreo, não possui natureza jurídica de mercadoria, mas sim de direito autoral e propriedade intelectual, do qual seu criador é o titular, o que implica dizer que seu adquirente passa a ter, tão somente, o direito de uso, por meio de uma licença/cessão concedida por seu criador, que é o seu real proprietário.

---

[55] BRASIL. **Supremo Tribunal Federal**. ADI nº 5576. Requerente: CONFEDERACAO NACIONAL DE SERVICOS – CNS. Requerido: GOVERNADOR DO ESTADO DE SÃO PAULO. Relator MIN. ROBERTO BARROSO.

Logo, sendo o ICMS um imposto cuja incidência pressupõe a realização de uma operação mercantil, que possui como característica a transferência de propriedade de determinada mercadoria, impossível a sua incidência sobre operações com *software*.

Em Manifestação proferida pela Procuradoria Geral da República nos autos da aludida ADI, opinou-se, contudo, pela improcedência do pedido, nos seguintes termos:

CONSTITUCIONAL E TRIBUTÁRIO. AÇÃO DIRETA DE INCONSTITUCIONALIDADE. DISSOCIAÇÃO ENTRE CAUSA DE PEDIR E PEDIDO. INÉPCIA DA PETIÇÃO INICIAL. PROGRAMAS DE COMPUTADOR. ICMS OU ISS. "SOFTWARE DE PRATELEIRA" E "SOFTWARE DE ENCOMENDA". COMERCIALIZAÇÃO DE PRODUTO INCORPÓREO POR MEIO FÍSICO OU DIGITAL (TRANSFERÊNCIA DE DADOS). IRRELEVÂNCIA. BITRIBUTAÇÃO. INEXISTÊNCIA.

1. É inepta petição inicial quando dissociados o pedido e a causa de pedir. É o que se passa diante da articulação de não incidência de imposto sobre circulação de mercadorias e sobre a prestação de serviços de transporte interestadual e intermunicipal e de comunicação (ICMS) sobre operações com programas de computador (software), em relação a legislação tributária paulista que se limita a conceder benefício fiscal nessas operações.

2. O Supremo Tribunal Federal, a partir do julgamento do recurso extraordinário 176.626/SP, firmou jurisprudência no sentido da incidência do ICMS em operações com o chamado "software de prateleira" (vendido em série), e do imposto sobre serviço de qualquer natureza (ISS) nos softwares desenvolvidos por encomenda (personalizados).

3. É irrelevante, para fins de incidência de ICMS em operações de comercialização de software, o fato de este ser adquirido por meio físico ou digital (transferência eletrônica de dados – download ou streaming). Precedente: medida cautelar na ADI 1.945/MT.

4. Incidência do ISS exclusiva para softwares de encomenda, criados para atender à necessidade específica do usuário (personalizado), por caracterizar prestação de serviço, nos moldes do art. 156, III, da CR. Inocorrência de bitributação.

5. Parecer por não conhecimento da ação e, no mérito, por improcedência do pedido.

Também de autoria da CNS, tramita na corte suprema a ADI nº 5659[56], cujo objeto é também a exclusão da incidência do ICMS nas operações com softwares prevista na legislação mineira, nos mesmos moldes em que estabeleceu o legislador paulista.

De forma similar ao que se observa na ADI nº 5576, a CNS também sustenta a inconstitucionalidade das previsões legais que passaram a submeter as operações com *softwares* à tributação pelo ICMS sob o fundamento de que tais operações já se encontram arroladas no âmbito de incidência do ISS, conforme define a Lei Complementar 116/2003

Finalmente, no âmbito do STF, insta também ressaltar a antes mencionada Ação Direta de Inconstitucionalidade – ADI nº 1945[57], onde se questiona a legislação vigente no Estado do Mato Grosso que trata da tributação de *softwares* pelo ICMS.

O ponto central dessa discussão, cinge-se à possibilidade de tributação de *softwares* pelo ICMS tendo em mente o fato de que se tratam de bens incorpóreos ou imateriais, o que lhes afastaria do conceito de mercadoria para fins de incidência de tal espécie tributária. Embora tal ADI ainda se encontre pendente de decisão terminativa de mérito, já há manifestação da corte constitucional em relação ao pedido cautelar, assim ementada[58]:

> [...] ICMS. Incidência sobre softwares adquiridos por meio de transferência eletrônica de dados [...]. Possibilidade. Inexistência de bem corpóreo ou mercadoria em sentido estrito. Irrelevância. O Tribunal não pode se furtar a abarcar situações novas, consequências concretas do mundo real, com base em premissas jurídicas que não são mais totalmente corretas. O apego a tais diretrizes jurídicas acaba por enfraquecer o texto constitucional, pois não

---

[56] BRASIL. **Supremo Tribunal Federal**. ADI nº 5659. Requerente: CONFEDERACAO NACIONAL DE SERVICOS – CNS. Requerido: ESTADO DE MINAS GERAIS. Relator MIN. DIAS TOFFOLI.

[57] BRASIL. **Supremo Tribunal Federal**. ADI nº 1945. Requerente: PARTIDO DO MOVIMENTO DEMOCRÁTICO BRASILEIRO – PMDB. Requerido: GOVERNADOR DO ESTADO DE MATO GROSSO. Relator Gilmar Mendes. Tribunal Pleno.

[58] BRASIL. **Supremo Tribunal Federal**. ADI nº 1945 MC. Requerente: PARTIDO DO MOVIMENTO DEMOCRÁTICO BRASILEIRO – PMDB. Requerido: GOVERNADOR DO ESTADO DE MATO GROSSO. Relator Gilmar Mendes. Tribunal Pleno. Julgado em 26/05/2010, DJe-047 DIVULG 11-03-2011 PUBLIC 14-03-2011 EMENT VOL-02480-01 PP-00008 RTJ VOL-00220-01 PP-00050.

permite que a abertura dos dispositivos da Constituição possa se adaptar aos novos tempos, antes imprevisíveis.

Portanto, concluiu em sede preliminar a corte suprema, que é possível a incidência do ICMS sobre a venda de *software* por meio de transferência eletrônica de dados, o *download*, afirmando ser irrelevante o fato de inexistir um bem corpóreo como objeto dessa operação.

No âmbito do STJ, mostra-se pertinente ao presente trabalho o destaque ao precedente de que decorre do Recurso Especial – Resp nº 1.070.404/SP[59], a seguir ementado:

TRIBUTÁRIO – RECURSO ESPECIAL – PROGRAMAS DE COMPUTADOR NÃO PERSONALIZADOS – DL 406/68 – NÃO-INCIDÊNCIA DO ISS. 1. Os programas de computador desenvolvidos para clientes, de forma personalizada, geram incidência de tributo do ISS. 2. Diferentemente, se o programa é criado e vendido de forma impessoal para clientes que o compram como uma mercadoria qualquer, esta venda é gravada com o ICMS. 3. Hipótese em que a empresa fabrica programas em larga escala para clientes. 4. Recurso especial não provido.

Ainda no âmbito do STJ, entendemos válido o destaque a alguns outros precedentes envolvendo o tema, decorrentes do Recurso Ordinário em Mandado de Segurança – RMS 5.934/RJ[60] e dos Recursos Especiais

---

[59] BRASIL. **Superior Tribunal de Justiça**. Resp nº 1.070.404/SP. Recorrente: MUNICÍPIO DE São Paulo. Recorrida: VS – VIA SOFT INFORMÁTICA LTDA. Rel. Eliana Calmon, 2ª Turma, julgado em 26/08/2008.

[60] BRASIL. **Superior Tribunal de Justiça**. RMS nº 5.934/RJ. Recorrente: Pars Produtos de Processamento de Dados Ltda.. Recorrido: Estado do Rio de Janeiro. RelHélio Mosimann, 2ª Turma, julgado em 04/03/1996.

(Resp nº 123.022/SP[61], REsp nº 216.967/SP[62]; REsp nº 633.405/RS[63]; e Resp nº 814.075/MG[64]) reproduzidos, respectivamente, a seguir:

(i) RMS nº 5.934/RJ

MANDADO DE SEGURANÇA. RECURSO. TRIBUTÁRIO. SOFTWARE. PROGRAMAS DE COMPUTADOR. TRIBUTAÇÃO PELO ISS OU PELO ICMS. ATIVIDADE INTELECTUAL OU MERCADORIA. DISTINÇÃO. INVIABILIDADE NA VIA ESTREITA DO MANDADO DE SEGURANÇA PREVENTIVO.

OS PROGRAMAS DE COMPUTAÇÃO, FEITOS POR EMPRESAS EM LARGA ESCALA E DE MANEIRA UNIFORME, SÃO MERCADORIAS, DE LIVRE COMERCIALIZAÇÃO NO MERCADO, PASSÍVEIS DE INCI-DÊNCIA DO ICMS. JÁ OS PROGRAMAS ELABORADOS ESPECIAL-MENTE PARA CERTO USUÁRIO, EXPRIMEM VERDADEIRA PRESTA-ÇÃO DE SERVIÇOS, SUJEITA AO ISS.

CUMPRE DISTINGUIR AS SITUAÇÕES, PARA EFEITO DE TRIBU-TAÇÃO, AFERINDO-SE A ATIVIDADE DA EMPRESA. NÃO, POREM, ATRAVÉS DE MANDADO DE SEGURANÇA, AINDA MAIS DE CARA-TER PREVENTIVO, OBSTANDO QUALQUER AUTUAÇÃO FUTURA.

(ii) REsp nº 123.022/RS

TRIBUTÁRIO. ICMS. ISS. PROGRAMAS DE COMPUTADOR (SOFTWA-RE). CIRCULAÇÃO.

1. SE AS OPERAÇÕES ENVOLVENDO A EXPLORAÇÃO ECONOMICA DE PROGRAMA DE COMPUTADOR SÃO REALIZADAS MEDIANTE A OUTORGA DE CONTRATOS DE CESSÃO OU LICENÇA DE USO DE DETERMINADO "SOFTWARE" FORNECIDO PELO AUTOR OU DE-

---

[61] BRASIL. **Superior Tribunal de Justiça**. Resp nº 123.022/RS. Recorrente: Ação Informá-tica Ltda. e Outros. Recorrida: Estado do Rio Grande do Sul. Rel. José Delgado, 1ª Turma, julgado em 14/08/1997.

[62] BRASIL. **Superior Tribunal de Justiça**. Resp nº 216.967/SP. Recorrente: TOPSYS CON-SULTORIA DE SISTEMAS LTDA. Recorrida: MUNICÍPIO DE SÃO PAULO. Rel. Eliana Calmon, 2ª Turma, julgado em 28/08/2001.

[63] BRASIL. **Superior Tribunal de Justiça**. Resp nº 633.405/RS. Recorrente: MUNICÍPIO DE CAXIAS DO SUL Recorrida: CONSTAT SERVIÇOS EM INFORMÁTICA LTDA. Rel. Luiz Fux, 1ª Turma, julgado em 24/11/2004.

[64] BRASIL. **Superior Tribunal de Justiça**. Resp nº 814.075/MG. Recorrente: AKRON PROJETO E AUTOMAÇÃO LTDA. Recorrida: MUNICÍPIO DE LUZ. Rel. Ministro Luiz Fux, 1ª Turma, julgado em 12/02/2008, Diário da Justiça em 02/04/2008.

O CONTEXTO DA TRIBUTAÇÃO DE *SOFTWARES* ATÉ OS DIAS ATUAIS

TENTOR DOS DIREITOS SOBRE O MESMO, COM FIM ESPECIFICO E PARA ATENDER A DETERMINADA NECESSIDADE DO USUÁRIO, TEM-SE CARACTERIZADO O FENÔMENO TRIBUTÁRIO DENOMINADO PRESTAÇÃO DE SERVIÇOS, PORTANTO, SUJEITO AO PAGAMENTO DO ISS (ITEM 24, DA LISTA DE SERVIÇOS, ANEXO AO DL 406/68).

2- SE, POREM, TAIS PROGRAMAS DE COMPUTAÇÃO SÃO FEITOS EM LARGA ESCALA E DE MANEIRA UNIFORME, ISTO E, NÃO SE DESTINANDO AO ATENDIMENTO DE DETERMINADAS NECESSIDADES DO USUÁRIO A QUE PARA TANTO FORAM CRIADOS, SENDO COLOCADOS NO MERCADO PARA AQUISIÇÃO POR QUALQUER UM DO POVO, PASSAM A SER CONSIDERADOS MERCADORIAS QUE CIRCULAM, GERANDO VÁRIOS TIPOS DE NEGOCIO JURÍDICO (COMPRA E VENDA, TROCA, CESSÃO, EMPRÉSTIMO, LOCAÇÃO ETC), SUJEITANDO-SE PORTANTO, AO ICMS.

3- DEFINIDO NO ACÓRDÃO DE SEGUNDO GRAU QUE OS PROGRAMAS DE COMPUTAÇÃO EXPLORADOS PELAS EMPRESAS RECORRENTES SÃO UNIFORMES, A EXEMPLO DO "WORD 6, WINDOWS", ETC, E COLOCADOS A DISPOSIÇÃO DO MERCADO, PELO QUE PODEM SER ADQUIRIDOS POR QUALQUER PESSOA, NÃO E POSSÍVEL, EM SEDE DE MANDADO DE SEGURANÇA, A REDISCUSSÃO DESSA TEMÁTICA, POR TER SIDO ELA ASSENTADA COM BASE NO EXAME DAS PROVAS DISCUTIDAS NOS AUTOS.

4- RECURSO ESPECIAL IMPROVIDO. CONFIRMAÇÃO DO ACÓRDÃO HOSTILIZADO PARA RECONHECER, NO CASO, A LEGITIMIDADE DA COBRANÇA DO ICMS.

(iii) REsp nº 216.967/SP

TRIBUTÁRIO – PROGRAMAS DE COMPUTADOR – DL 406/68 – INCIDÊNCIA DO ISS OU DO ICMS.

1. Esta Corte e o STF posicionaram-se quanto às fitas de vídeo e aos programas de computadores, diante dos itens 22 e 24 da Lista de Serviços.

2. Os programas de computador desenvolvidos para clientes, de forma personalizada, geram incidência de tributo do ISS.

3. Diferentemente, se o programa é criado e vendido de forma impessoal para clientes que os compra como uma mercadoria qualquer, esta venda é gravada com o ICMS.

4. Hipótese em que a empresa fabrica programas específicos para clientes.
5. Recurso improvido.

(iv) REsp nº 633.405/RS

TRIBUTÁRIO. OPERAÇÕES DE VENDA DE PROGRAMAS DE COMPUTADOR (SOFTWARES). INCIDÊNCIA DO ICMS.

1. "1. Esta Corte e o STF posicionaram-se quanto às fitas de vídeo e aos programas de computadores, diante dos itens 22 e 24 da Lista de Serviços.

2. Os programas de computador desenvolvidos para clientes, de forma personalizada, geram incidência de tributo do ISS.

3. Diferentemente, se o programa é criado e vendido de forma impessoal para clientes que os compra como uma mercadoria qualquer, esta venda é gravada com o ICMS." Consectariamente, como no caso sub examine, as operações envolvendo a exploração econômica de programas de computador, quando feitos em larga escala e de modo uniforme, são consideradas operações de compra e venda, sujeitando-se, consectariamente, à tributação pelo ICMS (RESP 123.022-RS, DJ de 27.10.1997, Rel. Min. José Delgado; RESP 216.967-SP, DJ de 22.04.2002, Rel. Min. Eliana Calmon; ROMS 5.934-RJ, DJ de 01.04.1996, Rel. Min. Hélio Mosimann).

2. Deveras, raciocínio inverso negaria vigência ao CTN que determina a preservação, no direito tributário, da natureza jurídica dos institutos civis e comerciais, com sói ser a compra e venda, mercê de descaracterizar a interpretação econômica, de suma importância para a aferição das hipóteses de incidência tributárias.

3. É que "A produção em massa de programas e a revenda de exemplares da obra intelectual por terceiros que não detêm os direitos autorais que neles se materializam não caracterizam licenciamento ou cessão de direitos de uso da obra, mas genuínas operações de circulação de mercadorias."

4. Recurso Especial desprovido.

(v) Resp nº 814.075/MG

PROCESSUAL CIVIL E TRIBUTÁRIO. OMISSÃO DO ARESTO DE APELAÇÃO. INOCORRÊNCIA. NULIDADE DA CDA. AUSÊNCIA DE LANÇAMENTO. LOCAL DA PRESTAÇÃO DO SERVIÇOS. CONTROVÉRSIA DIRIMIDA COM BASE EM ELEMENTOS FÁTICOS. REEXAME. IMPOSSIBILIDADE. INCIDÊNCIA DA SÚMULA Nº 07/STJ. FORNECIMENTO DE PROGRAMAS DE COMPUTADOR – SOFTWARE. PRES-

O CONTEXTO DA TRIBUTAÇÃO DE *SOFTWARES* ATÉ OS DIAS ATUAIS

TAÇÃO DE SERVIÇOS. ISS. INCIDÊNCIA. ALEGAÇÃO DE QUE SE TRATA DE CONTRATO DE CESSÃO DE USO. IMPROCEDÊNCIA.
1. O fornecimento de programas de computador (software) desenvolvidos para clientes de forma personalizada se constitui prestação de serviços sujeitando-se, portanto, à incidência do ISS.
2. Precedentes do STJ (REsp 633.405/RS, Rel. Ministro LUIZ FUX, DJ 13.12.2004; REsp 123.022/RS, Rel. Ministro JOSÉ DELGADO, DJ 27.10.1997; REsp 216967/SP, Rel. Ministra ELIANA CALMON, DJ 22.04.2002) e do STF (RE nº 176626 / SP, Rel. Min. SEPÚLVEDA PERTENCE, DJ de 11.12.1998).
3. A nulidade da CDA e sua inocorrência ante a afirmação da existência de procedimento administrativo prévio à sua lavratura e quanto ao local de prestação dos serviços, partiram da análise do conteúdo fático-probatório carreado aos autos, motivo pelo qual revela-se insindicável ao E. STJ, em sede de recurso especial, analisar as suscitadas ofensas aos arts. 2º, § 5º, VI e § 6º, da Lei nº 6.830/80, 102 e 142, do CTN e art. 12, do Decreto-lei nº 406/6, ante a incidência inarredável a incidência da Súmula nº 07/STJ, verbis: "A pretensão de simples reexame de prova não enseja recurso especial".
4. As ofensas aos arts 165, 458 e 535 do CPC, não restaram evidenciadas porquanto Tribunal de origem, embora sucintamente, pronuncia-se de forma clara e suficiente sobre a questão posta nos autos. Ademais, o magistrado não está obrigado a rebater, um a um, os argumentos trazidos pela parte, desde que os fundamentos utilizados tenham sido suficientes para embasar a decisão.
5. Recurso especial parcialmente conhecido, e, nesta parte, desprovido.

Tal como se observa, inclusive mediante citação de precedentes do STF, a jurisprudência do STJ fixou o entendimento de que o fornecimento de programas de computador (*software*) desenvolvidos para clientes de forma personalizada se constitui prestação de serviços sujeitando-se, portanto, à incidência do ISS. Por outro lado, se o programa é criado e vendido de forma impessoal para clientes que os compra como uma mercadoria qualquer, esta venda é gravada com o ICMS.

Passando ao âmbito regional que se propõe analisar no presente estudo, nos parece válido abordar os precedentes do Tribunal de Justiça do Estado de São Paulo – TJ-SP, decorrentes dos julgamentos da Apelação 0051007-52.2012.8.26.0053[65] e da Apelação 0018226-45.2010.8.26.0053[66], reproduzidos, respectivamente, a seguir:

> Apelação Mandado de segurança – Imposto sobre serviços de qualquer natureza – Empresa que explora a venda e locação de programas para computador ('software') Provas carreadas pela parte das quais não decorre o direito invocado Análise de mérito – Comercialização por meio de contrato de cessão ou licença de direito de uso de software – Prestação de serviços – Atividades enquadradas no item 1.05 da Lista de Serviços anexa à LC nº 116/03 – Incidência de ISSQN A exploração de programas de computador, mediante contratos de licença ou de cessão sujeita-se à incidência do ISS – Precedentes do C. STJ e desta E. Corte – Recurso desprovido.
>
> APELAÇÃO CÍVEL Ação de repetição de indébito Município de São Paulo ISSQN Ação ajuizada em 08.06.2010 – O termo a quo do prazo prescricional para as ações de repetição de indébito dos tributos sujeitos ao lançamento por homologação é a data do efetivo pagamento – Inteligência do art. 168 do CTN c/c art. 3º da LC 118/05 Período de abril a setembro de 2007 Pretendida compensação do imposto devido com direitos de crédito oriundos de precatório Não cabimento Certeza e liquidez do crédito alegado não demonstradas Não incidência de ISS sobre a comercialização de programas de computador padronizados e não customizados ("softwares de prateleira") Não existência de prestação de serviços Precedentes do STJ Restituição dos tributos recolhidos indevidamente Possibilidade Provas documental e pericial que demonstram que o autor suportou o ônus tributário Aplicação do art. 166 do CTN – Sentença parcialmente reformada Sucumbência recíproca Recurso parcialmente provido, nos termos do acórdão.

Como se observa, nos julgados em tela, principalmente no decorrente da Apelação 0018226-45.2010.8.26.0053, o TJ-SP definiu a questão

---

[65] BRASIL. **Tribunal de Justiça do Estado de São Paulo**. Apelação nº 0051007-52.2012.8.26.0053. Apelante: TARGETWARE INFORMÁTICA LTDA. Apelada: CHEFE DE DEPARTAMENTO DE RENDAS MOBILIÁRIAS DO MUNICÍPIO DE SÃO PAULO-SP. Rel. Roberto Matins de Souza, 18ª Câmara de Direito Público, julgado em 28/08/2014.

[66] BRASIL. **Tribunal de Justiça do Estado de São Paulo**. Apelação nº 0018226-45.2010.8.26.0053. Apelante: ITAUTEC S.A. – GRUPO ITAUTEC. Apelada: PREFEITURA MUNICIPAL DE SÃO PAULO. Rel. Raul de Felice, 15ª Câmara de Direito Público, julgado em 15/09/2015.

O CONTEXTO DA TRIBUTAÇÃO DE *SOFTWARES* ATÉ OS DIAS ATUAIS

da tributação de *softwares* seguindo a tendência do critério fixado pelo STF e precedentes do STJ, na medida em que a corte estadual entendeu que a cessão de direito de uso de *softwares* não será tributável pelo ISS nos casos em que os programas forem produzidos e disponibilizados aos consumidores de maneira uniforme sem necessidade de adaptação, ainda que comercializados com base em "licença de uso".

Contudo, visando ilustrar as nuances do conflito de competência objeto do presente estudo e a insegurança jurídica que permeia o tema mesmo diante da tentativa dos tribunais superiores em buscar um critério distintivo de tributação entre *softwares* customizados e "de prateleira", é válido o destaque aos seguintes trechos do voto divergente proferido no Apelação 0051007-52.2012.8.26.0053, da lavra da então 2ª Juíza da 18ª Câmara de Direito Público do TJ/SP. Confira-se:

> [...]
>
> O cerne da questão debatida nos autos consiste na tributação ou não pelo ISSQN do fornecimento de licença para softwares pela impetrante a seus contratantes.
>
> [...]
>
> No caso, pleiteia a impetrante o reconhecimento de que não incide o ISSQN sobre as atividades de venda de softwares. O juiz denegou a segurança sob os seguintes fundamentos: i) não há como se afirmar que os softwares "Minitab 16-Perpetual Single User", "Sony Vegas Pro 11" e "Slide Versão 6.0" são de prateleira, ou seja, não desenvolvidos para um usuário específico; ii) os contratos celebrados pela impetrante com os respectivos fabricantes dos softwares não estão assinados; iii) a impetrante obrigou-se também à prestação de suporte técnico, assistência técnica e consultoria (fls. 266/270).
>
> Ocorre que os mencionados programas de computador "Minitab 16-Perpetual Single User", "Sony Vegas Pro 11" e "Slide Versão 6.0" são sim produzidos em larga escala, sem qualquer conteúdo personalizado específico para os respectivos usuários. A propósito, não é necessária dilação probatória para chegar-se a tal conclusão.
>
> O documento juntado a fls. 156 demonstra que os mencionados produtos foram anunciados para qualquer pessoa que tivesse interesse em adquiri-los. Uma breve consulta a site de pesquisa na internet, permite verificar que os softwares estão disponíveis para "download" em sites como o

"baixaqui"3, possuem entradas com sua descrição na Wikipedia4 e estão disponíveis para venda na internet em websites como "Amazon.com"5 e "Buscapé"6. Todos esses dados demonstram que os softwares comercializados não foram desenvolvidos para atender a necessidades específicas dos contratantes. Ao contrário, são comuns, frugais, disponíveis a qualquer pessoa que se disponha a adquirir sua licença. São assim abrangidos pelo conceito de mercadoria. Logo, não há que se falar em tributação pelo ISS. [...].

De fato, chama a atenção a objetividade com que o aludido voto divergente afasta a incidência do ISS, acolhendo o pedido do contribuinte apelante, sob a premissa de que os *softwares* licenciados no caso concreto seriam "de prateleira", conclusão essa que independeria, inclusive, de dilação probatória face às evidências ali descritas.

Por outro lado, do que se observa da ementa no qual se resume o voto do juiz relator nesse caso concreto, a maioria dos integrantes da 18ª Câmara de Direito Público do TJ/SP, concluiu pela incidência de ISS sobre receitas de exploração de programas de computador, mediante contratos de licença ou de cessão, supostamente alinhados a precedentes STJ.

No entanto, analisado o teor do voto e a despeito da menção aos precedentes do STJ, igualmente destacados no presente trabalho, verifica-se que, a rigor, a maioria dos integrantes da 18ª Câmara de Direito Público do TJ/SP decidiu pela incidência do ISS sobre licenciamento de *softwares*, baseado em entendimento que sequer teve por base o critério distintivo de tributação fixado originalmente pelo STF e com ecos no STJ. A esse respeito, destaca-se o seguinte trecho do voto condutor:

[...]
De tudo quanto consta dos autos verifica-se que a atividade desenvolvida se subsume perfeitamente ao serviço descrito no item 1.05, da lista anexa à Lei Complementar federal n. 116/03, ou seja, o licenciamento ou cessão de direito de uso de programas de computação.

Cabendo ressaltar que os softwares, ou sistemas de computação, não configuram bens móveis, por se distinguirem do suporte físico do equipamento, tratando-se de um conjunto de operações e procedimentos que permitem o processamento de dados de computador e que comandam o seu funcionamento. [...].

O CONTEXTO DA TRIBUTAÇÃO DE *SOFTWARES* ATÉ OS DIAS ATUAIS

Como se observa, a decisão pela tributação no caso concreto, a despeito de menções jurisprudenciais do STJ, teve por irrelevante o critério distintivo de tributação entre *softwares* customizados e "de prateleira", concluindo que a licença de *softwares*, encontra-se no campo de incidência do ISS.

Portanto, vê-se que mesmo a aplicação do critério de tributação proposto pela corte suprema acaba ignorado ou distorcido caso a caso pela jurisprudência do TJ/SP.

Ainda no âmbito do TJ-SP, destaca-se o recente julgado decorrente da Apelação 1004694-33.2014.8.26.0445[67], cuja ementa é reproduzida a seguir:

> APELAÇÃO EM MANDADO DE SEGURANÇA MUNICÍPIO DE PIN-DAMONHANGABA ISSQN Operação de licenciamento de programa de computador (software) Atividade exercida pela impetrante abrangida pelo disposto no item 1.05 da Lista Anexa à Lei Complementar nº 116/2003 Incidência do tributo devida, conforme precedentes do C. STJ e desta Corte Sentença mantida RECURSO IMPROVIDO.

O destaque a tal julgado, nos parece relevante porque, além de ser a mais recente manifestação do TJ/SP, os argumentos da Apelante no que toca à não incidência do ISS sobre a licença de *software*, tido como padronizado, não foram levadas em consideração pelo TJ/SP (de forma similar ao verificado na Apelação 0051007-52.2012.8.26.0053, antes destacada), que houve por bem confirmar a sentença recorrida. Nesse sentido, válido o destaque aos seguintes trechos desse julgado:

> [...]
> 2. Na inicial o impetrante sustenta, em síntese, que é pessoa jurídica de direito privado, constituída sob a forma de sociedade limitada, tendo como principal atividade o licenciamento de software destinado à Administração Pública, cuja modalidade é a de licenciamento, vale dizer, direcionada ao cliente, que recebe a posse temporária do programa previamente desen-

---

[67] BRASIL. **Tribunal de Justiça do Estado de São Paulo**. Apelação nº 1004694-33.2014. 8.26.0445. Apelante: EMBRAS EMPRESA BRASILEIRA DE TECNOLOGIA LTDA. Apelada: MUNICÍPIO DE PINDAMONHANGABA. Rel. Rodrigues de Aguiar, 15ª Câmara de Direito Público, julgado em 14/03/2017.

volvido, sem, contudo, ocorrer a transferência da propriedade intelectual, a qual, via de regra, tem como contrapartida o pagamento da licença para seu uso. Aduz, outrossim, que o programa é executável e entregue ao cliente por meio de download, via internet, para ser instalada nos servidores do adquirente, de modo que não desenvolve programas de computadores sob encomenda, mas sim licencia software de sua propriedade para terceiros, para que estes os utilizem na forma como fora desenvolvido desde sua origem, sem a possibilidade de alterações em seu código fonte. Assim sendo, da leitura atenta da decisão do E. STF, nos autos do RE nº 176.626-3/SP, depreende-se que "softwares por encomenda" não se referem à licença de uso do "software resultante", mas apenas à atividade de desenvolvimento de um software para atender às necessidades específicas de um determinado usuário, isto porque, nos termos do art. 4º, caput, da Lei Federal nº 9.609/98, o encomendante se torna proprietário do programa de computador, sendo despicienda a celebração de negócio jurídico de licenciamento entre o encomendante e o desenvolvedor do software. Destarte, requereu que fosse afastada, em definitivo, a prática do ato coator da autoridade coatora, de modo que pudesse licenciar seus softwares sem o recolhimento do ISSQN, além de ser afastado, definitivamente, qualquer ato coator tendente à aplicação de sanções, tais como autuações, negativas a pedidos de certidões, lançamentos, cobranças e inscrições indevidas em dívida ativa, bem como que fosse determinado que a autoridade se abstivesse de tais atos ou quaisquer outros que visem a impedir o funcionamento das atividades relacionadas aos softwares.

3. A r. sentença, proferida pela MMª. Juíza de Direito, Dra. Cláudia Calles Novellino Ballestero, admitiu o ingresso do Município de Pindamonhangaba no feito, na qualidade de pessoa jurídica de direito público responsável pelos atos praticados por seus agentes, no exercício de função pública, e acolheu a manifestação do Ministério Público, no sentido de que não existem interesses que justifiquem a autuação do referido órgão no presente feito. No mérito, denegou a segurança e julgou improcedentes os pedidos deduzidos na inicial, ao fundamento de que a alegação da impetrante não se sustenta, porquanto o item 1.05 da Lista anexa à Lei Complementar nº 116/03, expressamente tipifica como serviço o "licenciamento ou cessão de direito de uso de programas de computação", exatamente a atividade que a impetrante alega realizar. Argumenta que, antes mesmo da criação

da referida norma, o entendimento do E. STJ era no sentido de que "se as operações envolvendo a exploração econômica de programa de computador são realizadas mediante a outorga de contratos de cessão ou licença de uso de determinado software fornecido pelo autor ou detentor dos direitos, com fim específico e para atender a determinada necessidade de usuário, tem-se caracterizado o fenômeno tributário denominado "prestação de serviços", portanto, sujeito ao pagamento do ISS (item 24, da lista de serviços, anexo ao Decreto-lei 406/68." (REsp 123.022/RS, Primeira Turma, Ministro Relator José DELGADO, j. de 14.08.1997).". Assentou, outrossim, em casos análogos que este E. TJSP tem decidido no mesmo sentido, conforme Apelação nº 0051007-52.2012.8.26.0053, Relator Des. Roberto Martins de Souza, 18ª Câmara de Direito Público. [...].

Sem adentrar à questão probatória da natureza do *software* transacionado nesse caso concreto, mas assumindo ser ele padronizado como afirmou a Apelante – fato aparentemente incontroverso na decisão – o que se observa dos trechos destacados é que, a rigor, o TJ/SP, ao confirmar a decisão apelada, entendeu irrelevante a distinção entre *software* customizado e "de prateleira" para fins de tributação, pelo ISS, das receitas decorrentes de outorga de licença de uso.

Embora o aludido precedente faça menção a entendimentos do STJ e da própria corte estadual, em que presentes o critério distintivo entre *software* customizado e de prateleira, restou assentado que a simples outorga de contratos de cessão ou licença de uso de determinado *software* fornecido pelo autor ou detentor dos direitos, com fim específico e para atender a determinada necessidade de usuário – seja ele padronizado ou não – caracterizaria o fenômeno tributário denominado "prestação de serviços".

É importante notar que, em nossa opinião, tendo como premissa que o *software* em tela foi desenvolvido de forma padronizada – sem a possibilidade de alterações em seu código fonte, como afirma a apelante nesse caso concreto – a corte estadual manifestou-se pela irrelevância desse fato, entendendo que a outorga de licença em si, por força de previsão expressa da lista de serviços contida na LC nº 116/03, bem como para atender a determinada necessidade de usuário, configuraria prestação de serviços para fins de incidência do ISS.

Logo, também a nosso ver, há uma impropriedade entre os precedentes em que se baseou essa decisão e o caso concreto por ela analisado. Evidentemente, tal impropriedade pode decorrer da própria carência de informações acerca da origem e natureza do *software* objeto da controvérsia.

De todo modo, é fato que nos precedentes em que se baseou o colegiado da corte estadual, havia clara referência à natureza do *software* analisado naqueles casos concretos. A esse respeito, confira-se o seguinte trecho do voto proferido nesse julgado, mediante citação do precedente do STJ em que estaria apoiado:

[...]9. Pretende o impetrante a reforma da r. sentença.

Sem razão.

Segundo o c. STJ, receita resultante de licenciamento de programa de computador é fato gerador de ISS, conforme precedentes seguintes:

TRIBUTÁRIO. FORNECIMENTO DE PROGRAMAS DE COMPUTADOR (SOFTWARE). CONTRATO DE CESSÃO DE USO. PRESTAÇÃO DE SERVIÇOS PERSONALIZADOS. ISS. INCIDÊNCIA. SÚMULA 83/STJ. TERRITORIALIDADE. SÚMULA 283/STF. 1. Discute-se nos autos a incidência do ISS sobre a obtenção, junto a empresas estrangeiras, de licença não exclusiva, pessoal, intransferível e não sublicenciável de uso de programa de computador para planejamento de redes de telecomunicações celulares. 2. Uma vez destacado pelo acórdão recorrido tratar-se de programa desenvolvido de forma personalizada, aplica-se a jurisprudência desta Corte no sentido de que os programas de computador desenvolvidos para clientes, de forma personalizada, geram incidência de tributo do ISS. 3. No quesito da territorialidade, a recorrente não impugnou o fundamento de que o ISS não incidiria sobre a elaboração do programa, serviço proveniente do exterior, mas, sim, sobre a cessão de seu direito de uso, que ocorreria em território brasileiro, o que faz incidir, na espécie, o enunciado 283 da Súmula do Supremo Tribunal Federal. Agravo regimental improvido." (AgRg no AREsp 32.547/PR, Rel. Ministro HUMBERTO MARTINS, SEGUNDA TURMA, julgado em 20/10/2011, DJe 27/10/2011).

Como se observa, o TJ/SP se apoiou em entendimento do STJ que faz expressa menção ao entendimento daquela corte no sentido de que os programas de computador desenvolvidos para clientes, de forma personalizada, geram incidência do ISS.

No caso concreto, por outro lado, tal situação não nos parece evidente, não havendo que se confundir o fato de a licença ter sido outorgada para o atendimento de uma necessidade específica, já que esse não é o critério assentado pelos tribunais superiores para fins da distinção entre *software* personalizado e de prateleira.

Até porque, em geral, todo e qualquer *software*, personalizado ou não, visa o atendimento de necessidades específicas de seu consumidor, o que os diferencia é se foram eles desenvolvidos como um padrão para atendimento de um público em geral ou sob encomenda de um cliente, segundo suas especificações.

Logo, ao debruçar-se sobre o tema mais recentemente nesse caso concreto, quer nos parecer que o TJ/SP traz enorme insegurança acerca do seu entendimento a respeito da matéria e, mais do que isso, interpreta precedentes de nossa corte superior de maneira controversa.

Evidentemente, não se está aqui a enaltecer o critério fixado pelas cortes superiores, até porque o escopo do presente trabalho é justamente o contrário. Contudo, há que se fazer o parêntese acima, já que se existe um critério que se pretende observar, é mister sua interpretação de maneira acertada.

De toda forma, para que não fiquemos restritos às críticas, é mister demonstrar que, também recentemente, o TJ/SP, por outra de suas câmaras julgadoras de Direito Público, ao apoiar-se no critério fixado pelas cortes superiores, o fez de maneira acertada. É o que se extraí da Apelação 1001507-47.2015.8.26.0068[68], cujo teor é reproduzido a seguir:

> RECURSO DE APELAÇÃO EM AÇÃO ORDINÁRIA. TRIBUTÁRIO. LICENCIAMENTO DE SOFTWARE PARA JOGOS ELETRÔNICOS. INCIDÊNCIA DE ICMS. O licenciamento de software para usuários indeterminados configura fato gerador de ICMS e não de ISS. Operação que se caracteriza como compra e venda. Precedente do E. Superior Tribunal de Justiça. Sentença de improcedência mantida. Recurso desprovido.

---

[68] BRASIL. **Tribunal de Justiça do Estado de São Paulo**. Apelação nº 1001507-47.2015.8.26.0068. Apelante: Próximo Games Distribuidora de Eletrônicos Ltda. Apelada: Fazenda do Estado de São Paulo. Rel. Marcelo Martins Berthe, 5ª Câmara de Direito Público, julgado em 06/02/2017.

Compulsando os autos, verifica-se que a atividade da apelante é a importação de softwares de jogos eletrônicos para licenciar no território nacional. Restou consignado no laudo pericial que:

A real natureza dos videogames são computadores específicos, que processam softwares desenvolvidos por programadores, que permitem a interação com um ou mais usuários coma finalidade geral de entreter e ensinar.

Assim, a controvérsia dos autos é verificar a incidência do ICMS sobre a operação, pois a tese recursal baseia-se na alegação de que não se trata de venda de mercadoria.

Neste passo, para verificar o fato gerador de tributos é importante analisar a operação efetuada e não a transferência física. No caso concreto, o apelante comercializa softwares produzidos em grandes quantidades para terceiros indeterminados, fato que se amolda perfeitamente ao conceito de compra e venda, que por sua vez é fato gerador do ICMS. Assim, não merece guarida a tese de que a apelante apenas licencia o produto, tendo em vista que o E. Superior Tribunal de Justiça já se posicionou no sentido de que softwares vendidos de forma impessoal configura fato gerador de ICMS: (...).

Portanto, sob qualquer ângulo que se olhe a questão, se vislumbra no caso o fato gerador do ICMS. Por tais razões, a r. sentença não comporta reparos, devendo ser integralmente mantida por seus jurídicos fundamentos.

No mesmo sentido, válido o destaque à Arguição de Inconstitucionalidade nº 0011467-20.2016.8.26.0000[69], onde o critério fixado pelas cortes superiores já é bem delimitado em sua ementa. Confira-se:

Arguição de Inconstitucionalidade. Constitucional. Tributário. Alegada inconstitucionalidade do Item 1.05 da Lista de serviços anexa à Lei nº 12.392, do Município de Campinas, que reproduz o Item 1.05 da Lista Anexa à Lei Complementar nº 116/03. Hipótese de incidência de Imposto sobre Serviços de Qualquer Natureza (ISS) sobre serviços de licenciamento ou de cessão de direito de uso de programas de computação. Natureza constitucional da questão reconhecida em repercussão geral ainda não julgada pelo Supremo Tribunal Federal. Existência, todavia, de entendimento jurisprudencial consolidado que diferencia 'softwares' comerciais licenciados sem

---

[69] BRASIL. **Tribunal de Justiça do Estado de São Paulo**. Arguição de Inconstitucionalidade nº 0011467-20.2016.8.26.0000,. Rel. Márcio Bartoli, Órgão Especial do Tribunal de Justiça de São Paulo, julgado em 18/05/2016.

O CONTEXTO DA TRIBUTAÇÃO DE *SOFTWARES* ATÉ OS DIAS ATUAIS

alterações ou adaptações ao usuário final daqueles em que o licenciamento abarcaria a prestação de serviços de customização, personalização ou adequação do programa às necessidades do usuário final. Incidência de ICMS sobre os primeiros, frente à ausência de prestação de serviços ao usuário final; e de ISS sobre os demais, em razão dos serviços de personalização, adaptação e customização do software licenciado. Precedentes deste Órgão Especial, do Superior Tribunal de Justiça e do Supremo Tribunal Federal. Hipótese delimitada pela Câmara Suscitante que se adequa a atividade de licenciamento ou cessão de uso de software customizável. Inexistência, portanto, de inconstitucionalidade da incidência de ISS no caso concreto. Questão trazida pela parte interessada, em memoriais, acerca da incompetência do município para tributar serviços contratados entre cedentes estrangeiros e cessionários brasileiros. Inviabilidade de conhecimento, eis que a referida questão não foi enfrentada pelo acórdão que suscitou o incidente. Necessidade de prévia apreciação da questão pelo órgão fracionário, diante da possibilidade de que rejeite a inconstitucionalidade, nos termos do artigo 949, inciso I, do Código de Processo Civil. Inviabilidade de se suprir, em julgamento de incidente de arguição de inconstitucionalidade, omissões existentes no acórdão que o instaurou. Não acolhimento do incidente.

Também cuidando de incidente de inconstitucionalidade, destaca-se a à Arguição de Inconstitucionalidade nº 0531762- 31.2010.8.26.0000[70], julgada pela 15ª Câmara de Direito Público do TJ/SP, que reconheceu a Inconstitucionalidade da legislação do Município de Santana de Parnaíba que, como base no subitem 1.05 da LC nº 116/2003, determinou a incidência do ISS em atividades de licenciamento de softwares "de prateleira", prestigiando-se o entendimento das cortes superiores. Confira-se:

INCIDENTE DE INCONSTITUCIONALIDADE DE LEI – Lei nº 2.499/03 do Município de Santana do Parnaíba – ISS – Incidência nas atividades de licenciamento e cessão do direito de uso de programas de computador – Impossibilidade – Os programas de computação feitos por empresas em larga escala e de maneira uniforme, são mercadorias de livre comercialização no

---

[70] BRASIL. **Tribunal de Justiça do Estado de São Paulo.** Arguição de Inconstitucionalidade nº 0531762- 31.2010.8.26.0000. Rel. Antonio Carlos Malheiros, Órgão Especial do Tribunal de Justiça de São Paulo, julgado em 13/04/2011.

mercado e passíveis de incidência do ICMS – Afronta ao art. 156, inciso III da Constituição Federal – Incidente procedente.

[...]

Segundo a Constituição Federal, artigo 156, o Município é competente para tributar, por meio do ISS, os serviços de qualquer natureza (exceto os de transporte interestadual e intermunicipal e de comunicações) prestados em seu território.

Dessa forma, percebe-se e que à exceção o dos serviços de transporte e intermunicipal e interestadual e de comunicação (os quais se encontram sujeitos, de acordo com o artigo 155, inciso II, da Constituição Federal, ao ICMS, de competência dos Estados e do Distrito Federal), todos os demais serviços, desde que definidos em Lei Complementar, estariam sujeitos à incidência do ISS.

[...]

Já entendeu o Superior Tribunal de Justiça (RECURSO ESPECIAL Nº 814.075 – MG – Rei. Min. Luiz Fux), que se deve considera r que os programas de computação, feitos por empresas em larga escala e de maneira uniforme, são mercadorias de livre comercialização no mercado e passíveis de incidência do ICMS.

No mesmo sentido, confiram-se os julgados do Superior Tribunal de Justiça: STJ REsp 633.405/RS, Rel. Ministro Luiz Fux, DJ 13.12.2004; REsp 123.022/RS, Rei. Ministro José Delgado, DJ 27.10.1997; REsp 216967/SP, Rel. Ministra Eliana Calmon, DJ 22.04.2002, e do Supremo Tribunal Federal: RE n.° 176626/SP, Rel. Min. Sepúlveda Pertence, DJ de 11.12.1998.

Ademais, como bem observou a D. Procuradoria de Justiça, não se pode entender como prestação de serviços o licenciamento do direito de uso de "software", o que também entendeu a Câmara suscitante.

Dessa forma, temos que o Município de Santana do Parnaíba, extrapolou os limites de sua competência legislativa ao editar a Lei n° 2.499/03, estando ela em dissonância ao disposto no art. 156, inciso III da Constituição Federal. Isto posto, julga-se procedente o incidente para declarar a inconstitucionalidade da Lei nº 2.499/03 do Município de Santana do Parnaíba, deste Estado, determinando o retorno dos autos à Egrégia 15ª Câmara de Direito Público deste Tribunal para dar continuidade ao julgamento das apelações interpostas.

O CONTEXTO DA TRIBUTAÇÃO DE *SOFTWARES* ATÉ OS DIAS ATUAIS

Aspecto a se considerar do presente julgado, é que a despeito da menção aos precedentes das cortes superiores e do reconhecimento e obediência ao critério de tributação pelo ICMS das licenças de *softwares* "de prateleira", não há na legislação do Município de Santana do Parnaíba analisada pelo TJ/SP, qualquer referência expressa à tributação das licenças de softwares "de prateleira".

Ao revés, a lista de serviços contida em tal Lei Municipal, reproduz fielmente a redação do subitem 1.05 da LC nº 116/2003, ou seja, licenciamento ou cessão de direito de uso de programas de computação.

Com efeito, a nosso ver, o reconhecimento dessa inconstitucionalidade da legislação do Município de Santana do Parnaíba repercutiu efeitos maiores do que os expostos pelo Órgão Especial do TJ/SP, na medida em que, ao menos à época, acabou por afastar a tributação de licenças de programas de computador como um todo, fato que denota, novamente, uma distorção na adoção do critério espelhado pela jurisprudência das cortes superiores.

Superada a análise do TJ/SP, ainda em âmbito Estadual, na esfera administrativa, válido o destaque a precedentes do Tribunal de Impostos e Taxas do Estado de São Paulo – TIT/SP, órgão paritário de julgamento de processos administrativos tributários decorrentes de lançamento de ofício, vinculado à Coordenadoria de Administração Tributária da Secretaria da Fazenda local.

O primeiro caso decorre de julgamento da Câmara Superior, última instância do aludido órgão, cuja competência é o julgamento visando a uniformização da jurisprudência daquele corte administrativa, motivo pelo qual os julgamentos por tal órgão são limitados pela necessária demonstração de divergência jurisprudencial entre as câmaras julgadoras da corte e pela vedada reanalise de provas.

Com efeito, ao abordar a questão da tributação de *software*, a Câmara Superior do TIT/SP, no julgamento do processo nº DRTC-II--196722/2002[71], mesmo alertando para o vedado reexame de provas naquela etapa recursal e a ausência da necessária demonstração de dissídio jurisprudencial, manteve a decisão proferida por uma de suas Câmaras baixas, que cancelou a autuação fiscal versando sobre a incidência do

---

[71] BRASIL. **Tribunal de Impostos e Taxas do Estado de São Paulo – TIT/SP** – CAMARA SUPERIOR – Julgado em 29/01/2015 – Relator Vanessa Pereira Rodrigues Domene.

ICMS na comercialização de *softwares*, sob o fundamento de que segundo as provas do autos, estar-se-ia diante de software personalizado ou sob encomenda, tributado pelo ISS. Confira-se a ementa desse julgado:

> ICMS – FALTA DE EMISSÃO DE DOCUMENTO FISCAL NA SAÍDA DE SOFTWARE, TENDO SIDO EMITIDAS NOTAS FISCAIS DE SERVIÇOS, TRIBUTADAS PELO ISS. Os paradigmas apresentados pela Fazenda são inservíveis para comprovar o dissídio jurisprudencial, eis que se referem a softwares de prateleiras ou softwares embarcados em hardwares. No caso dos autos, ficou consignado, através da análise das provas dos autos, estarmos diante de software customizado. RECURSO DA FAZENDA NÃO CONHECIDO. SE VENCIDA, NO MÉRITO, NEGO-LHE PROVIMENTO, mantendo-se os termos da r. decisão recorrida.

Mesmo nas câmaras hierarquicamente inferiores do TIT/SP, tal entendimento não se mostra discrepante, conforme se verificada, exemplificativamente, da decisão proferida pela Quarta Câmara Julgadora do aludido tribunal, nos autos do Processo nº DRTC-III-4030054-7[72]. Confira-se

> ICMS. Erro na determinação da base de cálculo por falta de inclusão do valor da licença de uso do software no preço da venda do hardware (I.1). Inexistência de prova da prestação de serviço na elaboração do "software sob encomenda", conforme orientação jurisprudencial pacificada no Supremo Tribunal Federal (RE nº 176.626/SP), adotado pelo Tribunal de Impostos e Taxas. Recurso Ordinário improvido.

Tal como se observa, a própria ementa desse julgado já faz remissão à jurisprudência da corte suprema acerca do critério traçado por aquela corte constitucional acerca da tributação de operações com *softwares*. De todo modo, vale o destaque aos seguintes trechos dessa decisão, em que o julgador administrativo confirma os reflexos dos precedentes do STF naquela corte administrativa para fins de definição da tributação de *softwares* à luz do conflito de competência entre ICMS e ISS. Confira-se:

---

[72] BRASIL. **Tribunal de Impostos e Taxas do Estado de São Paulo – TIT/SP** – Quarta Câmara Julgadora – Julgado em 07/08/2014 – Relator: Klayton Munehiro Furugem.

[...]

Verificando o conteúdo jurídico dos pedidos do Recurso Ordinário acima relatado, todos seguem no mesmo sentido, ou seja, da discussão sobre a incidência do ICMS ou do ISSQN no fato gerador em foco (software mercadoria ou software prestação de serviço) e da reanálise de toda a prova produzida nos autos, inclusive, apesar de desnecessário, da repetição das provas juntadas na impugnação anexado no remédio processual do contribuinte nas fls. 670/1014. A questão principal deste processo administrativo se refere a possiblidade da incidência da norma jurídica do ICMS na comercialização do software, afastando assim, o Imposto sobre Serviço de competência municipal (ISSQN). O tema é antigo e já foi analisado pelo Poder Judiciário com reflexo direto neste C. Tribunal de Impostos e Taxas, tendo como base a jurisprudência exarada pelo Supremo Tribunal Federal (RE nº 176.626/SP; 199.464; 191.454) e acolhido igualmente pelo Superior Tribunal de Justiça (REsp nº 216.967/RS; 633.405/RS; 1.070.404/SP).

[...]

Desta forma, reanalisando todas as provas produzidas no processo e diante da orientação jurisprudencial pacificada a respeito do assunto tratado, os argumentos da Recorrente não procedem, em face da falta de comprovação da identificação do "software sob encomenda", devendo no mesmo sentido, manter a acusação fiscal.

Como se observa, a corte administrativa paulista faz eco aos precedentes emanados de nossas cortes superiores para fins de deslinde de controvérsias voltadas à tributação de *softwares*.

Já no âmbito do Município de São Paulo, na esfera administrativa, válido o destaque também a dois precedentes Conselho Municipal de Tributos – CMT/SP – órgão paritário de julgamento de processos administrativos tributários decorrentes de lançamento de ofício, vinculado à Secretaria de Finanças local – que bem representam o posicionamento daquele órgão. Confira-se:

(i)   **Processo Administrativo nº 2013-0.036.082-4**[73]

---

[73] BRASIL. **Conselho Municipal de Tributos – CMT/SP** – Segunda Câmara Julgadora – Processo Administrativo nº 2013-0.036.082-4 – Julgado em 22/08/2013 – Relator: CYNTHIA CHRISTINA BIRGEL.

ISS – LICENCIAMENTO OU CESSÃO DE DIREITO DE USO DE PRO-
GRAMAS DE COMPUTAÇÃO – ITEM 1.05 DA LISTA DE SERVIÇOS DA
LEI Nº 13.701/2003 – NÃO CONHECIMENTO DA MATÉRIA DISCUTI-
DA EM SEDE DE MANDADO DE SEGURANÇA POR APLICAÇÃO DO
DISPOSTO NO ARTIGO 35, DA LEI Nº 14.107/2005 – SERVIÇOS COR-
RETAMENTE AUTUADOS, SENDO IRRELEVANTE A AUSÊNCIA DE
CUSTOMIZAÇÃO NO LICENCIAMENTO OU CESSÃO DE DIREITO
DE USO DE PROGRAMAS DE COMPUTAÇÃO – RECURSO PARCIAL-
MENTE CONHECIDO E IMPROVIDO."

(ii) **Processo Administrativo nº 2014-0.205.575-3**[74]
ISS. SOFTWARE "DE PRATELEIRA". Com a edição da LC 116/03, a distinção entre software customizado e de prateleira perdeu relevância tributária,
pois ambos sujeitam-se ao imposto municipal, malgrado eventual inconstitucionalidade da sua incidência sobre a atividade de simples licenciamento.
ISS. IMPORTAÇÃO DE SERVIÇOS. LICENCIAMENTO, SUPORTE E
CONSULTORIA EM INFORMÁTICA. Recurso parcialmente conhecido e
na parte conhecida negado provimento.
[...]
Entretanto, e inobstante a sedimentada jurisprudência judicial acerca do
tema, penso que a distinção entre softwares "customizados" e "de prateleira" foi definitivamente sepultada com a LC nº 116/03, e não têm mais
nenhuma relevância tributária. Com efeito, os softwares ditos de prateleira
não foram excepcionados da competência municipal pelo legislador complementar de 2003.
A dicotomia, esta sim, relevante – e não enxergada até aqui por STJ e STF
–, é, em minha opinião, entre "software cuja propriedade é cedida definitivamente x software cuja utilização é cedida temporariamente". Perceba-se
que, aqui, a distinção não está propriamente no perfil do software, mas na
relação jurídica mantida entre o autor e o usuário do programa.
É com essa distinção que trabalha a LC nº 116/03, em seus itens 1.04 e 1.05,
respectivamente. O item 1.05 é, a meu ver, de duvidosa constitucionalidade
– o que aqui fica consignado em mero caráter obter dictum –, pois configura obrigação de dar. O lançamento foi efetuado, contudo, e sem contesta-

---

[74] BRASIL. **Conselho Municipal de Tributos – CMT/SP** – Quarta Câmara Julgadora – Processo Administrativo nº 2014-0.205.575-3- Julgado em 09/12/2014- Relator: Paulo Roberto
Andrade.

ção da recorrente a respeito, pelo item 1.04, que tipifica serviço plenamente tributável pelo ISS. [...].

Além de representar o entendimento predominante no órgão julgador administrativo paulistano, os precedentes acima destacados denotam que as autoridades julgadoras acabam por ratificar o entendimento do seu órgão consultivo, destacado em tópico específico do presente trabalho, notadamente quanto a conclusão de que o ISS incide sobre o licenciamento ou cessão de direito de uso de programas de computador, sejam eles padronizados ou não.

Esse posicionamento, evidentemente, denota a relevância do estudo proposto uma vez que traz contornos concretos acerca do conflito de competência entre Estados e Municípios dentro de um cenário de mudança legislativa que não mais pode ser ignorado por uma suposta irrelevância no que toca a tributação pelo ICMS.

4.4 Conclusão preliminar e análise crítica acerca do cenário atual da tributação (do *download*) de *softwares*

Tal como se observa dos precedentes jurisprudenciais ora analisados, prepondera, independente da forma de comercialização do *software*, seja por *download* ou não, o critério objetivo de tributação fixado pelo STF, entre as figuras dos *softwares* personalizados (para fins de ISS) e "de prateleira" (para fins do ICMS).

Há de se pontuar, entretanto, que tal critério, fixado antes da edição da LC nº 116/2003, acaba sendo ignorado pelo órgão de julgamento administrativo paulistano, para fins de delimitação da tributação pelo ISS, em linha também com a consultoria tributária local, para quem é irrelevante a distinção entre *software* personalizado e de prateleira para fins de tributação, pelo ISS, das receitas decorrentes de licença.

De igual forma, por vezes, também é possível observar que o Tribunal de Justiça paulista acaba por distorcer a aplicação de tal critério fazendo-o, algumas vezes, de maneira controversa, a ponto de tornar irrelevante a caracterização do *software* quando se trata da tributação das receitas decorrentes de outorga de licença.

Ainda, é de se notar que encontram-se pendentes de uma análise definitiva por parte de nossa corte suprema as questões mais sensíveis à conclusão buscada no presente trabalho, quais sejam, o Recurso

Extraordinário – RE nº 688.223/PR[75], sob a relatoria do Ministro Luiz Fux, cuja repercussão geral foi reconhecida pelo plenário virtual do STF e as Ações Diretas de Inconstitucionalidade – ADIs nº 5576[76] e 5659[77], ajuizadas pela Confederação Nacional de Serviços (CNS).

De fato, a partir da definição de tais casos ter-se-á um cenário mais claro em relação à questão da tributação de *softwares*, inclusive por meio de *download*. Isto porque, de um lado, a corte suprema será instada a se manifestar e concluir se o contrato envolvendo licenciamento ou cessão de *software* enquadra-se na conceituação do que vem a ser a prestação de um serviço, do que resultará a possibilidade, ou não, da pretensa cobrança do ISS e, de outro, sobre a constitucionalidade das novas disposições da legislação paulista já aqui analisadas – em especial os Decretos n° 61.522/2015 e 61.791/2016 – assim como a dos demais Estados – como no caso da ADI envolvendo Minas Gerais – sob o fundamento de que as operações com programas de computador, inclusive por meio de *download*, jamais poderiam ser tributadas pelo ICMS, por já estarem arroladas no âmbito de incidência do ISS.

É bem verdade, por outro lado, que uma decisão definitiva da Ação Direta de Inconstitucionalidade – ADI nº 1945[78], onde se questiona a legislação vigente no Estado do Mato Grosso, em especial quanto à possibilidade de tributação de *softwares* pelo ICMS tendo em mente o fato de que se tratam de bens incorpóreos ou imateriais, também representaria precedente relevante nos casos envolvendo *download*. No mesmo sentido, a eventual questionamento acerca da constitucionalidade do Convênio ICMS 106/2017 – como já se tem notícia – também influenciaria sobremaneira tal cenário.

---

[75] BRASIL. **Supremo Tribunal Federal**. RE nº 688.223/PR. Recorrente: TIM CELULAR S/A. Recorrida: MUNICÍPIO DE CURITIBA. Relator Luiz Fux. Tribunal Pleno.

[76] BRASIL. **Supremo Tribunal Federal**. ADI nº 5576. Requerente: CONFEDERACAO NACIONAL DE SERVICOS – CNS. Requerido: GOVERNADOR DO ESTADO DE SÃO PAULO. Relator MIN. ROBERTO BARROSO.

[77] BRASIL. **Supremo Tribunal Federal**. ADI nº 5659. Requerente: CONFEDERACAO NACIONAL DE SERVICOS – CNS. Requerido: ESTADO DE MINAS GERAIS. Relator MIN. DIAS TOFFOLI.

[78] BRASIL. **Supremo Tribunal Federal**. ADI nº 1945. Requerente: PARTIDO DO MOVIMENTO DEMOCRÁTICO BRASILEIRO – PMDB. Requerido: GOVERNADOR DO ESTADO DE MATO GROSSO. Relator Gilmar Mendes. Tribunal Pleno.

O CONTEXTO DA TRIBUTAÇÃO DE *SOFTWARES* ATÉ OS DIAS ATUAIS

Mas a questão de maior relevância no cenário jurisprudencial atual, dada a pendência de manifestação do STF em relação aos casos concretos ora citados, decorre do fato de que os precedentes analisados, em sua maioria, como se disse, acabam por repetida e inadvertidamente adotar o critério objetivo de tributação fixado pelo STF, entre as figuras dos *softwares* personalizados ou customizados (para fins de ISS) e "de prateleira" (para fins do ICMS).

Mais do que isso, por vezes, como se viu, a despeito de aplicação de tal critério, nossos tribunais apresentam conclusões controversas o que fomenta ainda mais a insegurança jurídica que permeia esse tema.

Com efeito, duas críticas evidentes se colocam a tal critério, especialmente considerando a evolução legislativa e tecnológica nos dias autuais. A primeira crítica, se faz presente pelo fato de que o critério estabelecido pelo STF reportou-se a fatos que sequer se deram ao tempo da vigência da Lei do *Software*[79], já analisada no presente trabalho.

Isto porque, apenas na vigência dessa Lei é que se conferiu tratamento mais claro e explícito à forma de comercialização ou exploração econômica dos *softwares*, em especial por meio da disciplina de seu artigo 9º, que expressamente determina o uso de *softwares* no Brasil e, por assim dizer em consequência, sua comercialização e/ou exploração por meio de contrato de licença.

Nesta medida, é certo que tal disposição, mais clara e explicita, impacta profundamente no critério definido pelo STF já que, em termos práticos e tal como se demonstrará em tópico específico, o contrato de licença, inviabiliza se cogitar a pretensa tributação pelo ICMS já que, por sua natureza, não envolve a transferência de titularidade do bem, direito ou objeto licenciado, ainda que em larga escala.

Já a segunda crítica, decorre do fato – já antes citado no presente trabalho – de que tal critério sequer foi estabelecido na vigência da LC nº 116/2003, que trouxe no rol de serviços a ela anexa, o licenciamento ou cessão de direito de uso de programas de computação, descrito no item 1.05, sob o qual recaem as interpretações mais controversas no que toca a pretensa tributação de *softwares*.

De fato, trata-se de crítica pertinente se considerado que, no passado, dada a tributação insignificante do ICMS sobre a comercialização de

---

[79] Lei 9.609 de 19 de fevereiro de 1998.

softwares – baseada no dobro do suporte físico ou informático – os contribuintes sequer se preocupavam e acabavam oferendo à tributação o valor do dobro da mídia pelo ICMS e a receita das licenças pelo ISS, ou seja, a comercialização por *download* tinha a tributação restrita ao ISS dada a inexistência de suporte informático.

Por outro lado, tal situação no cenário atual, em que a tributação do *software* – inclusive por meio *de download* – observará, para fins do ICMS, o valor da operação, que inclui o valor do programa, do suporte informático e outros valores que forem cobrados do adquirente (inclusive a licença), torna inviável a manutenção desse critério do STF.

Nesse particular, como já se viu, é entendimento reiterado das autoridades fiscais e julgadoras municipais, que o *software*, ainda que de prateleira, sempre terá as receitas de licença tributadas pelo ISS, por disposição expressa contida no item 1.05 da lista anexa à LC nº 116/2003, que sequer havia sido editada ao tempo do critério estabelecido pelo STF para dirimir esse conflito de competência. No mesmo sentido, não raro, o Tribunal de Justiça paulista, inadvertidamente, segue pelo mesmo caminho.

Portanto, no cenário atual, de um lado, com a edição da LC nº 116//2003 e a previsão de incidência do ISS sobre a cessão ou licença de *softwares* de maneira indiscriminada e, de outro, com a pretensão do Estado de São Paulo em tributar o valor da operação do *software* (inclusive via *download*), no que se inclui a licença, instala-se uma controvérsia que não pode ser simplificada pela mera classificação entre software personalizado e de prateleira.

E assim pensamos porque, independentemente de qualquer outra cogitação, estando as autoridades fiscais adstritas à legalidade e sendo o lançamento tributário um ato administrativo vinculado, a existência de previsões legais que autorizem a tributação dessas operações pelo ICMS e, especialmente, pelo ISS, resultarão em evidentes contenciosos a serem instaurados.

Aos contribuintes, por sua vez, não cabe simplesmente aguardar que a questão seja dirimida com base no critério definido pelo STF, há que se ter segurança jurídica para o desempenho de suas atividades econômicas o que, invariavelmente, passa pela análise profunda dessas disposições legislativas, em especial quanto a possibilidade de irradiarem elas efeitos considerando as espécies tributárias aqui analisadas. É o que se pretende na conclusão do presente trabalho, a partir da análise das limitações à tributação das operações com *softwares*, inclusive por *download*, pelo ICMS e pelo ISS.

5. Das Limitações à Tributação do *download* de *softwares* pelo ICMS

Com o intuito de se estabelecer uma clara limitação à tributação de *softwares* (inclusive o *download*) pelo ICMS, é mister relembramos a conclusão obtida em tópico específico do presente trabalho no que toca à natureza jurídica do *software* e sua forma de exploração econômica ou comercial.

Isto porque, em tal oportunidade, restou demonstrado que a natureza jurídica do *software* é a de um direito autoral, bem como que a sua comercialização ou exploração econômica se dá, exclusivamente, via licença de uso.

Diante disso, o primeiro caminho a que nos obrigamos percorrer, envolve a análise do contrato de licença em que, obrigatoriamente, se baseia a exploração econômica ou comercial dos *softwares* no Brasil. Muito embora a legislação não defina claramente contrato de licença, a doutrina cuidou de fazê-lo e, para tanto, nos valemos das lições de Silvio de Salvo Venosa[80], que assim conceitua o contrato de licença:

> Fundamentalmente, pelo contrato de licença, o titular de uma patente de invenção, o licenciante ou licenciador, autoriza outrem, o licenciado, a usá--la ou explorá-la empresarialmente, sem transferir sua titularidade.

---

[80] Venosa, Silvio de Salvo. **Direito Civil: Contratos em Espécie**. 16ª ed. São Paulo: Atlas, 2016. p. 592.

Ainda sobre tal conceituação, importa-nos citar as lições de CARLOS FERREIRA DE ALMEIDA[81]:

> Contrato pelo qual o titular de um direito sobre uma coisa incorpórea (licenciante) proporciona a outrem (licenciado) o uso desse direito ou de uma faculdade desse direito. Na maioria dos casos, o direito de uso é temporário e remunerado.

O aludido autor[82] nos traz relevantes substratos ao prosseguir sua análise, abordando a semelhança existente entre o contrato de locação e o contrato de licença, que tem como objeto comum o uso de um bem, mas com obrigações diferentes, pois no contrato de locação o bem é uma coisa corpórea, que o locador tem por obrigação restituir e no contrato de licença o bem é uma coisa incorpórea, que não gera nenhuma obrigação de restituição.

Ainda sobre o tema, especificamente analisando o contrato de licença de *softwares*, válidas as lições de MARIA ÂNGELA LOPES PAULINO PADILHA[83]:

> Ou seja, no universo da contratação de licenças de softwares, substrato instrumental basilar para negociar os respectivos direitos autorais, não há a transferência da propriedade do programa de computador, o que acontece, juridicamente, é uma outorga de direitos de usar, fruir e comercializar, alterar, se for o caso, o bem intelectual contido no meio físico ou simplesmente transmitido para outro computador sem meio físico.

Fixado tal conceito, ainda antes de adentrarmos à limitação à tributação de *softwares* pelo ICMS (inclusive o *download*), cabe-nos brevemente lembrar que já ao longo do presente trabalho, fixamos a materialidade da hipótese de incidência do ICMS, qual seja, operações relativas à circulação de mercadorias, que deve levar em conta a transmissão de titularidade do bem objeto de mercancia.

---

[81] ALMEIDA, Carlos Ferreira de. **Contratos II**. Coimbra: Almedina, 2007. p. 220

[82] *Ibidem*, p.220.

[83] PADILHA, Maria Ângela Lopes Paulino. **Tributação de Software. Exame da constitucionalidade da incidência do ISS e do ICMS-Mercadoria sobre a licença de uso de programa de computador disponibilizado eletronicamente.** Dissertação (Mestrado em Direito) – Pontifícia Universidade Católica da São Paulo, São Paulo, 2016.

DAS LIMITAÇÕES À TRIBUTAÇÃO DO *DOWNLOAD* DE *SOFTWARES* PELO ICMS

Diante de tais definições já nos parece óbvia a conclusão aqui pretendida e encontrada após os caminhos necessariamente percorridos, qual seja: O ICMS não incide sobre as operações de comercialização de *softwares*, inclusive por meio de *download*, na medida em que dada a sua forma de comercialização – mediante contrato de licença de uso, que não importa a transferência de titularidade entre licenciante e licenciado – não há que se cogitar a ocorrência de operação de circulação de mercadoria.

Com efeito, tal opinião é avalizada pela melhor doutrina cujo um dos expoentes é o Professor ROQUE ANTONIO CARRAZA[84]:

> É que na cessão do direito de uso de *software* inexiste operação mercantil, isto é, não há transferência da titularidade de qualquer mercadoria; mas, pelo contrário – permitimo-nos insistir –, mera cessão de direitos.
> O objeto do contrato que se celebra entre licenciador e o licenciado não é a venda mercantil, mas a licença do direito de uso (cessão de direito) do software – como, aliás, prescreve o já citado artigo 9º da Lei 9.609/1998.

Em linha com as breves lições acima, destaca-se a opinião de CLÉLIO CHIESA[85], ao afastar a possibilidade de incidência do ICMS – e do ISS que será por nós abordada em tópico específico – sobre as operações com *softwares*:

> Seja como for, entendemos que tanto na exploração econômica dos softwares de prateleira quanto dos softwares de encomenda, não há um negócio jurídico de transferência de mercadoria nem de prestação de serviço. Trata-se de uma cessão de direito de uso dos programas de computador objeto do negócio jurídico entabulado. Veja-se que, quando alguém se dirige a uma loja para comprar o Windows, em verdade não está adquirindo a propriedade daquele programa (que continua sendo do fabricante), o que o usuário faz é obter uma licença de uso (doméstico ou empresarial), que nada mais é do que uma cessão do direito de uso.

---

[84] CARRAZZA, Roque Antonio. op. cit., p. 198.
[85] CHIESA, Clélio. **Competência para tributar operações com programas de computador (softwares)**. Revista Tributária e de Finanças Públicas, a. 9, n. 36, jan./fev. 2001, p. 41-53.

Ainda no mesmo sentido, válido o destaque à resposta do parecer elaborado pelo Professor IVES GANDRA DA SILVA MARTINS[86], quando questionado sobre as espécies tributárias passíveis de incidência na comercialização de *softwares*:

> Ora, pela teoria da preponderância, que defendi para a própria Fazenda do Estado de São Paulo, em parecer pela Procuradoria solicitado, não se pode considerar que o conjunto denominado de "logiciário" seja fornecimento de mercadoria, posto que o que se transfere é patrimônio intelectual. A densidade econômica da mercadoria (caderno de anotações, programa de computador e descrição do programa) é incomensuravelmente menor que o programa em si exteriorizado pelos três bens lá mencionados, com o que, de longe, afastaria qualquer incidência tributária, que conformasse o "software" como mercadoria sujeita ao IPI, ICMS e II.

No mesmo sentido, destacamos a objetividade de JÚLIO M. DE OLIVEIRA[87] ao enfrentar o tema:

> Considerando que a análise de todos os elementos que compõem a hipótese de incidência do ICMS ("operação", "circulação" e "mercadoria") demandaria um aprofundamento que foge ao escopo deste artigo, partiremos da premissa que mercadoria é um bem móvel que se submete à mercancia e que não é qualquer operação de circulação que configura a hipótese de incidência do ICMS, mas tão somente a operação que resulte na transferência da titularidade sobre mercadorias (não apenas em sua movimentação física). Desta forma, podemos dizer que caracteriza hipótese de incidência do ICMS a operação jurídica que, praticada por comerciante, industrial ou produtor, acarrete circulação de mercadoria, isto é, a transmissão de sua titularidade.
>
> Seguindo esta linha de raciocínio, não nos parece que as operações com softwares configuram hipótese de incidência do ICMS, dada a ausência de

---

[86] MARTINS, Ives Gandra da Silva. **O Licenciamento e o sub-licenciamento de programas de software não se confundem com circulação de mercadorias impossibilidade de incidirem sobre as respectivas operações ICMS**. Revista de Imposto de Renda, n. 270, jan., São Paulo: CERFIR, 1990.

[87] OLIVEIRA, Júlio M. de. Tributação do Software pelo ICMS (Mercadoria, Serviço ou Cessão de direitos), Jota, disponível em https://jota.info/artigos/tributacao-do-software-pelo-icms--mercadoria-servico-ou-cessao-de-direitos. Acesso em 23/03/2017.

um elemento básico para caracterização desta, qual seja, a transmissão da titularidade do software ao adquirente.

Assim, e apoiados na melhor doutrina, resta-nos concluir que se para fins de incidência ICMS faz-se necessária a ocorrência da chamada circulação jurídica do bem, caracterizada pela efetiva mudança de sua titularidade, é evidente que quando o usuário adquire um *software*, inclusive por meio de *download*, não se estabelece um contrato de compra e venda e sim um contrato de licença, que dentre as características essenciais, não importa na transferência de titularidade do bem objeto de licença entre licenciante e licenciado, ou seja, inexiste circulação jurídica para fins de incidência do ICMS.

Não obstante isso, há também que se abordar as limitações à tributação do *download* de *softwares* sob o enfoque da conceituação de mercadoria já antes proposta no presente trabalho.

A esse respeito, convém lembrar que em tópico específico acerca da materialidade do ICMS discutiu-se a possibilidade de que a circulação jurídica presente na materialidade do ICMS, envolve não apenas a transferência de titularidade de um bem, mas que tal bem deve ser móvel e corpóreo destinado à mercancia, isto é, que reúna as condições de mercadoria.

De fato, ao tratar especificamente da questão, JOSE EDUARDO SOARES DE MELO[88] encampa a tese de que como um bem digital o *software* foge ao conceito de mercadoria, no seguinte sentido:

> Este bem "digital" não consubstancia as características de âmbito legal e constitucional (art. 155, II e § 3º), de mercadoria, além do que o respectivo "software" representa um produto intelectual, objeto de cessão de direitos, de distinta natureza jurídica, o que tornaria imprescindível alteração normativa.

O conceito de mercadoria também já foi abordado pelo STF no já citado Recurso Extraordinário – RE nº 176.626-3/SP[89]. Naquela oportuni-

---

[88] MELO, José Eduardo Soares de. op. cit., p. 19.
[89] BRASIL. **Supremo Tribunal Federal**. RE nº 176.626-0/SP. Recorrente: Estado de São Paulo. Recorrida: MUNPS PROCESSAMENTO DE DADOS LTDA. Relator Sepúlveda

dade, o Ministro Relator Sepúlveda Pertence, ao analisar a incidência do ICMS sobre licenciamento de software, afirmou em seu voto que:

> [...] o conceito de mercadoria efetivamente não inclui os bens incorpóreos, como os direitos em geral: mercadoria é bem corpóreo objeto de atos de comércio ou destinado a sê-lo.

Por outro lado, não se ignora o quanto se decidiu na já citada decisão da Medida Cautelar na ADIn 1.945-7/MT[90], proferida pelo Plenário do Supremo Tribunal Federal, concluindo que a incidência do ICMS não exige, necessariamente, a corporificação do bem.

A esse respeito é válido o destaque ao seguinte trecho do voto de vista proferido pelo então Ministro Nelson Jobim:

> A pergunta fundamental, portanto, é essa: é possível a incidência de ICMS sobre a circulação de mercadoria virtual? A resposta, para mim, é afirmativa. (...) Existem, basicamente, duas formas, hoje, de aquisição de programa de computador: uma delas se dá pela tradição material, corpórea de um instrumento que armazena o mencionado programa. Tratava-se de forma usual e a mais comum de aquisição de programa de computador. Entretanto, a revolução da internet demoliu algumas fronteiras por meio da criação e aprimoramento de um "mundo digital". A época hoje é de realizações de negócios, operações bancárias, compra de mercadorias, acesso a banco de dados de informações, compra de músicas e vídeos, e aquisição de programa de computador nesse ambiente digital. Não há nessas operações a referência ao corpóreo, ao tateável, mas simplesmente pedidos, entregas e objetos que são, em realidade, linguagem matemática binária."

Com efeito, pensamos que doutrina e jurisprudência encontram consenso ao menos no que toca a definição de mercadoria tributável pelo ICMS enquanto bem móvel destinado à mercancia, ou seja, a controvérsia está na necessidade de haver ou não a corporificação ou tangibilidade do bem posto no comércio.

Pertence. 1ª Turma. Julgado em 10/11/1998, DJ 11-12-1998 PP-00010 EMENT VOL-01935-02 PP-00305 RTJ VOL-00168-01 PP-00305.

[90] BRASIL. **Supremo Tribunal Federal**. ADI nº 1945. Requerente: PARTIDO DO MOVIMENTO DEMOCRÁTICO BRASILEIRO – PMDB. Requerido: GOVERNADOR DO ESTADO DE MATO GROSSO. Relator Gilmar Mendes. Tribunal Pleno.

DAS LIMITAÇÕES À TRIBUTAÇÃO DO *DOWNLOAD* DE *SOFTWARES* PELO ICMS

Nesse particular, embora relevante parte da doutrina defenda a corporificação ou tangibilidade do bem como atributo necessário ao conceito de mercadoria, pensamos que a era digital e a modernidade das relações comerciais, até então distantes para os defensores da corporificação do bem para fins de incidência do ICMS, realçam a necessidade de um conceito amplo de mercadoria, uma evolução desse conceito, que englobe bens corpóreos e incorpóreos, sempre destinados à mercancia.

Nessa toada pensamos que o conceito de mercadoria para fins de tributação pelo ICMS deve ter como critério prevalente a sua destinação ao processo econômico circulatório, ou seja, a mercancia. A esse respeito, válido destacar que, mais recentemente, ao debruçar-se sobre o conceito constitucional de mercadoria, o STF, no julgamento do o Recurso Extraordinário – RE nº 607.056/RJ[91], nos termos do voto do Ministro Relator Dias Toffoli, enaltece a consolidação do conceito de mercadoria como bem móvel sujeito à mercancia, sem qualquer menção à necessidade de sua corporificação:

No que se refere à noção de mercadoria, para fins de tributação do ICMS, consolidou-se, ao longo do tempo, o entendimento de que consiste em bem móvel sujeito à mercancia ou, se preferirmos, no objeto da atividade mercantil.

Dessa forma, não é qualquer bem móvel que é mercadoria, mas tão somente aquele que se submete à mercancia, ou seja, que é passível de apropriação pelo promotor da operação que o destina ao processo econômico circulatório. O bem móvel é o gênero, do qual mercadoria é a espécie.

A fundamentação que vem ensejando a classificação da distribuição de água potável como atividade mercantil – para fins de imposição tributária pelos estados-membros e pelo Distrito Federal – é construída a partir de uma concepção segundo a qual a água canalizada é um bem dotado de valor econômico, diferente daquela encontrada em seu estado natural (água bruta), já que sofre tratamento químico necessário para o consumo. Em resumo, o fornecimento de água potável caracterizaria uma operação de circulação de mercadoria.

---

[91] BRASIL. **Supremo Tribunal Federal**. RE nº 607.056/RJ. Recorrente: Estado do Rio de Janeiro. Recorrida: Condomínio do Edifício Paulo. Relator Dias Toffoli. Tribunal Pleno. j. 10.04.2013, DJe 16/05/2013.

Todavia, as águas públicas derivadas de rios ou mananciais são qualificadas juridicamente como bem de uso comum do povo, conforme os arts. 20, III, e 26, I, da Constituição Federal, não podendo ser equiparadas a uma espécie de mercadoria, sobre a qual incidiria o ICMS. O tratamento químico necessário ao consumo não tem o condão de descaracterizar a água como um bem público de uso comum de todos.

De longa data, Geraldo Ataliba questiona a incidência do imposto estadual sobre bens que não tenham a natureza jurídica de "mercadorias", argumentando que:

> "não é qualquer bem que pode ser juridicamente qualificado como mercadoria. Essa qualificação depende de dois fatores, a saber (1) a natureza do promotor da operação que a tem por objeto e (2) a destinação comercial que a ela dá o seu titular".

Evidencia-se, assim, que os conceitos de "operação", "circulação" e "mercadoria" permanecem umbilicalmente ligados, devendo o intérprete das leis e os aplicadores do ICMS tomá-los em suas concepções jurídicas para efeito da caracterização de sua incidência. No caso, estão ausentes os elementos que adjetivam o aspecto material da hipótese de incidência do ICMS, quais sejam: "circulação" e "mercadoria", na medida em que as concessionárias – promotoras da operação de fornecimento de água – não detêm poderes jurídicos de disposição sobre ela, tampouco podem dar destinação comercial à água, dada a sua natureza de bem público.

Nessa medida, quer nos parecer que sustentar que o conceito de mercadorias além de envolver um bem móvel destinado à mercancia deva comtemplar a sua materialidade, tangibilidade ou corporificação, poderá nos levar a excluir da competência tributária dos Estados uma operação nitidamente mercantil.

E nem se alegue que tal lógica despreza o já citado artigo 110 do CTN que determina que a lei tributária não deve alterar o conteúdo e alcance dos conceitos e institutos de direito privado utilizados, expressa ou implicitamente, pela Constituição Federal.

O Código Comercial de 1850, que estava vigente à época da promulgação da Carta Magna, dispunha sobre a celebração do contrato de compra e venda o seguinte:

DAS LIMITAÇÕES À TRIBUTAÇÃO DO *DOWNLOAD* DE *SOFTWARES* PELO ICMS

Art. 191 – O contrato de compra e venda mercantil é perfeito e acabado logo que o comprador e o vendedor se acordam na coisa, no preço e nas condições; e desde esse momento nenhuma das partes pode arrepender-se sem consentimento da outra, ainda que a coisa se não ache entregue nem o preço pago. Fica entendido que nas vendas condicionais não se reputa o contrato perfeito senão depois de verificada a condição.

É unicamente considerada mercantil a compra e venda de efeitos móveis ou semoventes, para revendê-los por grosso ou a retalho, na mesma espécie ou manufaturados, ou para alugar o seu uso; compreendendo-se na classe dos primeiros a moeda metálica e o papel moeda, títulos de fundos públicos, ações de companhias e papéis de crédito comerciais, contanto que nas referidas transações o comprador ou vendedor seja comerciante.

Com se denota, o dispositivo em voga, apesar de não trazer a conceituação de mercadoria, versou sobre o objeto do contrato de compra e venda enquanto um bem móvel, deixando, porém, de exigir-lhe uma corporificação ou materialidade.

Se não bastasse, o fato é que em última análise a operação, ainda que envolva um bem virtual, será mercantil, este sim atributo relevante para fins da identificação do signo mercadoria. Ora, a própria Constituição Federal com o propósito de regular a cobrança da operação mercantil envolvendo o que venha a ser talvez a primeira "mercadoria incorpórea" existente a partir dos avanços tecnológicos, no caso a energia elétrica, o fez expressamente no artigo 155, parágrafo 2º, inciso X, alínea "b" e parágrafo 3º.

Diante de um significativo avanço tecnológico, não nos parece razoável pensar em um conceito imutável de mercadoria defendido por relevante parte da doutrina, sob pena de esvaziar quase que totalmente a competência tributária atribuída aos Estados para tributar as operações mercantis de circulação de mercadorias.

Cuidando especificamente da tributação de software por meio de *download*, válidas novamente as lições do então Ministro Nelson Jobim, quando de seu voto proferido no julgamento da já citada decisão da Medida Cautelar na ADIn 1.945-7/MT[92]:

---

[92] BRASIL. **Supremo Tribunal Federal**. ADI nº 1945. Requerente: PARTIDO DO MOVIMENTO DEMOCRÁTICO BRASILEIRO – PMDB. Requerido: GOVERNADOR DO ESTADO DE MATO GROSSO. Relator Gilmar Mendes. Tribunal Pleno.

> Programa de computador é código binário e, por isso, não corpóreo.
>
> O fato de ser ele transmitido por meio de um disquete, CD ou DVD não o transforma em algo material.
>
> Entretanto, a jurisprudência do Tribunal – no que está absolutamente correto – reconhece que é cabível o ICMS na aquisição de programas de computador.
>
> Ora, se o fato de ser bem incorpóreo fosse ressalva à incidência do ICMS, não poderia ser cobrado o imposto também da aquisição de programa de computador de prateleira.
>
> É que, nesse caso, o que está se adquirindo não é o disquete, o CD, o DVD, a caixa ou o livreto de manual, mas também e principalmente a mercadoria virtual gravada no instrumento de transmissão.
>
> Portanto, se o argumento é de que bem incorpóreo não pode ser objeto da incidência de ICMS, o argumento valeria também para o caso de bens incorpóreos vendidos por meio de bens materiais.
>
> Haveria uma clara contradição da jurisprudência do STF.
>
> Por todo o exposto, indefiro a cautelar nesse ponto para entender que o ICMS pode incidir sobre softwares adquiridos por meio de transferência eletrônica de dados, [...].

Portanto, acreditamos que é possível se admitir um conceito de mercadoria enquanto bem móvel, destinado à mercancia ou ao comércio, sejam eles corpóreos ou não, de forma a se respeitar a repartição de competências prevista em um sistema constitucional que, como destacamos, privilegia a rigidez. Vale dizer, o ICMS não estará a tributar uma prestação de serviço sob a ótica de tratar-se de um bem incorpóreo, sendo certo que é de fundamental importância o entendimento acerca da materialidade do imposto municipal – também objeto de análise no presente trabalho sobre o enfoque da tributação de *softwares* – para que se tenha clara tal distinção.

De todo modo, acreditamos que a questão da ausência de uma efetiva transferência de titularidade, circulação de mercadorias para fins de ICMS, é que deve preponderar na conclusão pela não incidência dessa espécie tributária nas operações com *software*, inclusive em se tratando de *download*.

DAS LIMITAÇÕES À TRIBUTAÇÃO DO *DOWNLOAD* DE *SOFTWARES* PELO ICMS

A esse respeito inclusive, válida a transcrição de alguns trechos do voto do então Ministro Cezar Peluso, também proferido no julgamento da já citada decisão da Medida Cautelar na ADIn 1.945-7/MT[93]:

> Vou pedir vênia a todos os brilhantes votos que acompanharam o eminente Relator, para acompanhar a divergência e indeferir a medida liminar baseado no seguinte. É possível distinguir – não apenas em relação ao tema em pauta, mas a qualquer outro, até quanto aos livros é possível – entre a operação intelectual e os direitos derivados da operação intelectual, como bens incorpóreos, e os produtos resultantes dessas operações intelectuais, tais como livro, programa de computador, etc.. São duas coisas absolutamente discerníveis, não apenas do ponto de vista prático, mas do ponto de vista jurídico. Uma coisa é a criação intelectual, o direito intelectual, com bem incorpóreo, outras são os produtos de certo modo físico, que alguns chamam de corpos mecânicos, ou coisa semelhante. Estes últimos são susceptíveis de tráfico jurídico como mercadoria, assim como qualquer outro produto.
>
> E a ressalva aqui, a única que me parecia adequada ao caso feita pelo eminente Ministro Relator Octavio Gallotti, já está pressuposta na própria definição de mercadoria: se não há transferência de mercadorias, isto é, se é mera prestação de serviço, não está o ato sujeito a imposto, porque, por definição, não o está.
>
> [...]
>
> O imposto recai sobre aquilo que é, característica e tipicamente, transferência de propriedade de mercadoria. O resto, licenciamento, etc. são serviços que não estão sujeitos a esse imposto. [...].

Com efeito, tal como destacado pelo então Ministro Cezar Peluso, o ICMS recai tipicamente sobre a transferência de propriedade de uma mercadoria de que decorre um ato de comércio, situação essa não abarcada no licenciamento, tal como claramente por nós demonstrado linhas acima.

O que nos resta, portanto, é nos certificarmos quanto a segunda assertiva contida no entendimento do então Ministro, ou seja, de que se

---

[93] BRASIL. **Supremo Tribunal Federal**. ADI nº 1945. Requerente: PARTIDO DO MOVIMENTO DEMOCRÁTICO BRASILEIRO – PMDB. Requerido: GOVERNADOR DO ESTADO DE MATO GROSSO. Relator Gilmar Mendes. Tribunal Pleno.

não é mercadoria para fins do ICMS, " o resto, licenciamento, etc. são serviços."

De todo modo, tal conclusão, ainda que parcial, nos leva a uma segunda, qual seja: a de que as operações com *softwares* sejam elas por *download* ou não, estão e sempre estiveram fora do campo de incidência do ICMS, já que sempre envolveram a mera cessão de sua licença.

O que se tem agora com a novel legislação paulista aqui abordada, assim como a de outros Estados a serem editadas com base nos Convênios 181/2015 e 106/2017, é um agravamento dessa situação já que sob o pressuposto de se tributar as operações com *softwares*, inclusive por meio de *download*, as autoridades fiscais estaduais passaram e passarão a incluir em sua base imponível todo o valor envolvido na operação, inclusive a licença, abstendo-se de fazê-lo sobre o dobro do suporte informático, quando existente.

Noutras palavras, no cenário atual, o conflito até então dormente acerca do tema dada a ausência de relevância econômica de se tributar o suporte pelo ICMS e a licença pelo ISS, ganha novos contornos.

De todo modo, como se viu, para fins do ICMS existem robustos fundamentos para se afastar qualquer pretensão de se tributar softwares, inclusive o *download*. É o que se passará a demonstrar, também no que toca o ISS.

6. Das Limitações à Tributação do *download* de *softwares* pelo ISS

Como se viu, o inciso III do art. 156 da Carta Federal determina que o critério material da hipótese de incidência do ISS é a "prestação de serviços". Em face do critério material do ISS constitucionalmente expresso, nem mesmo ao legislador complementar é permitida a tributação desse imposto sobre a atividade que não constitua "prestação de serviço".

Considerando que a Constituição Federal não veicula o conceito de "serviços", são inúmeros os entendimentos de que há de se aplicar os conceitos, dados pelo direito privado, melhor dizendo, um conceito jurídico, das espécies básicas de obrigações (dar e fazer), com vistas à delimitação do âmbito do ISS.

Isto porque quando a Carta Federal utiliza um termo, sem conceituá-lo de modo diverso, ela incorpora o conceito utilizado no direito infra-constitucional vigente antes da sua promulgação.

Nesse sentido, o artigo 110 do CTN dispõe que "a lei tributária não pode alterar a definição, o conteúdo e o alcance de institutos, conceitos e formas de direito privado, utilizados, expressa ou implicitamente, pela Constituição Federal, pelas Constituições dos Estados, ou pelas Leis Orgânicas do Distrito Federal ou dos Municípios, para definir ou limitar competências tributárias".

Segundo tal conceituação, os serviços pressupõem uma obrigação de fazer, algum esforço pessoal do qual derive benefício a terceiro. Por conseguinte, a atividade eleita para a tributação pelo ISS deve corresponder a uma obrigação de fazer. Já, no licenciamento ou cessão de direito de uso de programas de computação[94], hipótese em debate, tal obrigação inexiste, vez que ausente qualquer atividade pessoal do licenciante.

Neste ponto, cabe uma breve digressão para se estabelecer um paralelo entre a licença de uso e a locação, aspecto fundamental na busca pela conclusão pretendida.

De maneira objetiva, pode-se dizer que a licença e a locação são hipóteses de cessão, de forma que a primeira, usualmente, tem em seu objeto um bem incorpóreo, um direito, uma propriedade intelectual e até uma marca. Já na segunda, tem como objeto um bem corpóreo.

De fato, RENATO LACERDA DE LIMA GONÇALVES[95], bem cuidou do tema ao abordá-lo, tratando incialmente da locação e posteriormente da licença:

> Assim, na primeira hipótese, a relação jurídica existente entre o licenciador do bem corpóreo e seu proprietário é a licença do direito de uso sobre um bem corpóreo, enquanto que na segunda hipótese, a relação entre licenciador do bem incorpóreo e o seu titular é um direito de propriedade intelectual, um direito autoral (direito real de uso sobre um bem incorpóreo).

Como se denota, o traço comum existente entre ambas as figuras, está no fato de que em um ou outro caso, identificamos uma cessão, onde umas das partes se obriga a ceder à outra o uso e o gozo de um bem, seja ele corpóreo (locação) ou incorpóreo (licença).

O artigo 565 do atual Código Civil[96], dispõe que "na locação de coisas, uma das partes se obriga a ceder à outra, por tempo determinado, ou não, o uso e gozo de coisa não fungível, mediante certa retribuição". Essa definição deixa patente a inexistência de uma obrigação de fazer.

A nosso ver, diante dessa definição fica evidente a similaridade dos institutos, o que nos leva a concluir que são espécies de um mesmo gênero, a ponto da lista de serviços anexa à LC nº 116/03, incluir a cessão

---

[94] Previsto no item 1.05 da lista de serviços anexa à LC nº 116/2003, em que, como visto, se baseia a tributação da licença de softwares, pelo ISS.

[95] GONÇALVES, Renato Lacerda de Lima. op. cit, p. 97

[96] BRASIL. Lei nº 10.406, de 10 de janeiro de 2002. Diário Oficial da República Federativa do Brasil, Brasília, 11 de janeiro de 2002.

entre as espécies de serviços prestados "mediante locação, cessão de direito de uso e congêneres"[97].

Logo, também na cessão ou licença uma parte se obriga a ceder à outra, por tempo determinado, ou não, o uso e gozo de determinado direito ou bem incorpóreo.

Diante dessa conclusão, em face da já citada regra do artigo 110 do Código Tributário Nacional, o direito tributário não pode recusar a definição de locação de bens móveis, plenamente aplicável à cessão e/ou licença, veiculada pelo art. 565 do atual Código Civil. E diante da falta de prestação de serviço, obrigação de fazer, é descabida a sua tributação pelo ISS.

O STF, como se sabe, com lastro, inclusive, no disposto no artigo 110 do Código Tributário Nacional, já pacificou entendimento de que a legislação de ISS deve observar os conceitos firmados pelo Código Civil.

É o que se denota da decisão proferida pelo Plenário do STF, por ocasião do julgamento do Recurso Extraordinário nº 116.121-3[98], o qual declarou incidentalmente a inconstitucionalidade da expressão "locação de bens móveis", constante do item 79 da Lista de Serviços a que se refere o Decreto-lei nº 406/68, com a redação dada pela Lei Complementar nº 56/87, então vigentes. Confira-se:

> TRIBUTO – FIGURINO CONSTITUCIONAL. A supremacia da Carta Federal é conducente a glosar-se a cobrança de tributo discrepante daqueles nela previstos. IMPOSTO SOBRE SERVIÇOS – CONTRATO DE LOCAÇÃO. A terminologia constitucional do Imposto sobre Serviços revela o objeto da tributação. Conflita com a Lei Maior dispositivo que imponha o tributo considerado contrato de locação de bem móvel. Em Direito, os institutos, as expressões e os vocábulos têm sentido próprio, descabendo confundir a locação de serviços com a de móveis, práticas diversas regidas pelo Código Civil, cujas definições são de observância inafastável – artigo 110 do Código Tributário Nacional.

---

[97] Apenas por uma questão de lógica e de conveniência é que os serviços de Licenciamento ou cessão de direito de uso de programas de computação, foram arrolados entre os serviços de informática e congêneres.

[98] BRASIL. **Supremo Tribunal Federal**. RE nº 116.121/SP. Recorrente: Ideal Transportes e Guindastes Ltda. Recorrida: Prefeitura Municipal de Santos/SP. Relator Octavio Gallotti. Tribunal Pleno. j. 11/10/2000, DJ 25/05/2001.

ACÓRDÃO

Vistos, relatados e discutidos esses autos, acordam os Ministros do Supremo Tribunal Federal, em sessão plenária, na conformidade da ata de julgamento e das notas taquigráficas, por unanimidade de votos, em conhecer do recurso extraordinário pela letra 'c' e, por maioria, em dar-lhe provimento, declarando incidentalmente, a inconstitucionalidade da expressão 'locação de bens móveis', constante do item 79 da Lista de Serviços a que se refere o Decreto-lei nº 406, de 31 de dezembro de 1968, na redação dada pela Lei Complementar nº 56, de 15 de dezembro de 1987, pronunciando, ainda, a inconstitucionalidade da mesma expressão 'locação de bens móveis', contida no item 78 do § 3º do artigo 50 da Lista de Serviços da Lei nº 3.750, de 20 de dezembro de 1971, do Município de Santos/SP.

Embora aquela declaração de inconstitucionalidade não tenha se estendido à serviços prestados mediante licença ou cessão, já que a discussão ali travada se cingia à locação de bem móvel, a rigor, os fundamentos lançados, nesse sentido, pelo Plenário do Pretório Excelso, são também inteiramente aplicáveis ao licenciamento ou cessão de direito de uso de *softwares* (inclusive o *download*), o que aponta ser a incidência de ISS sobre o mesmo, igualmente, indevida.

Com efeito, tal opinião é avalizada pela melhor doutrina cujo um dos expoentes é o Professor ROQUE ANTONIO CARRAZA[99]:

> Aprofundando o raciocínio, na cessão onerosa do direito de uso de software há execução de obrigação de dar, cuja prestação consiste na entrega de uma coisa.
>
> Com ela não se confunde a prestação de serviços (execução de uma obrigação de fazer).
>
> Ora, como vimos e revimos, negócio jurídico cujo objeto é uma obrigação de dar (como, por exemplo, a cessão do direito de uso de software) não abre espaço à tributação, por meio do ISS.
>
> O licenciador, limitando-se a ceder onerosamente o direito de uso dos softwares, simplesmente executa obrigações de dar. Noutro dizer: transfere ao licenciado, mediante contraprestação econômica, o direito de que é titular.

---

[99] CARRAZZA, Roque Antonio. op. cit., p. 197.

DAS LIMITAÇÕES À TRIBUTAÇÃO DO *DOWNLOAD* DE *SOFTWARES* PELO ISS

Baseado nos fundamentos já amplamente expostos no presente trabalho e mais especificamente no presente tópico, são válidas também as lições de EMESON VIEIRA[100]:

> Assim, à luz da disciplina constitucional, é possível extrair o conceito de serviço tributável. E, por força dos próprios princípios esculpidos na Carta, a lista não é um freio para o exercício da competência tributária municipal, mas um norte para que os municípios exerçam plenamente suas competências para o ISS, sem nunca desdobrarem os limites estabelecidos pelo aspecto material do tributo, como no caso do subitem 1.05, que aduz atividade completamente estranha ao conceito constitucional de serviço. Não há, pois, ISS que possa onerar o licenciamento ou cessão de direito de uso de programas de computação.

Seguindo a mesma linha de raciocínio, destacamos o entendimento de CLÉLIO CHIESA[101]:

> Infere-se, portanto, que a exploração econômica dos denominados softwares de prateleira e sob encomenda caracteriza-se como cessão de direitos e não como negócio jurídico de venda de mercadoria e prestação de serviços, o que implica dizer que não podem ser tributados por meio de ISSQN, ainda que a Lei Complementar nº 116/03, tenha estabelecido expressamente no subitem nº 1.05, que são passiveis de tributação do ISS o "licenciamento ou cessão de direito de uso de programas de computação.

Portanto, como se observa, parte relevante da doutrina impõe limitações à tributação do licenciamento de softwares pelo ISS apoiados no conceito constitucional e jurídico de serviço, segundo o qual o ISS incide apenas sobre atividades que reúnam as características de uma obrigação de fazer.

---

[100] VIEIRA, Emerson. **Não-incidência do ISS sobre licenciamento ou cessão de direito de uso de programas de computador. Revista Dialética de Direito Tributário**, n. 160, jan. 2009, pp. 25-34.

[101] CHIESA, Clélio. **O Imposto sobre Serviços de Qualquer Natureza e Aspectos Relevantes da Lei Complementar nº 116/2003**. In ROCHA, Valdir de Oliveira (org.) **O ISS e a LC 116**. São Paulo: Dialética, 2009. p. 68.

Por outro lado, como se viu, existem aqueles que se filiam à teoria de que tal conceituação já estaria ultrapassada e que, portanto, o conceito constitucional de serviço deveria buscar respaldo na economia.

Sob tal enfoque, o conceito constitucional de serviço revelar-se-ia mais amplo e buscaria espaço nos limites da dicotomia antes visitada entres bens e serviços resultantes da atividade econômica[102]. Em outras palavras tendo como premissa que o ICMS incide sobre a circulação de mercadorias, assim entendidos os bens móveis, corpóreos, sujeitos à mercancia, de maneira residual, o ISS incidiria sobre todos os demais produtos da atividade econômica não enquadrados como bens, isto é, serviços.

Sobre o tema, são validas as lições de ALBERTO MACEDO[103] que, cuidando especificamente da tributação de *softwares*, defende a incorporação do aludido conceito econômico de serviços por parte do legislador constitucional:

> Esses critérios, já existentes no antigo Direito Comercial, e reforçados pelo Direito Empresarial, ao incorporar a expressão "bens e serviços" da Economia – entendida esta expressão como o universo dos produtos da atividade econômica de produção e circulação, sendo bens materiais e serviços os bens imateriais – são requisitos necessários para se considerar um bem como mercadoria, não se admitindo uma evolução do conceito constitucional de mercadoria para o que seriam denominadas mercadorias virtuais, evolução esta que acarretaria uma inconstitucional involução do conceito constitucional de serviço de qualquer natureza, dado que, desde a Reforma Tributária de 1965, o Sistema Constitucional Tributário, ao segregar a tributação no consumo de bens e serviços, respectivamente, entre Estados (ICMS-Mercadoria) e Municípios (ISS), deixou claro que o grande critério que desenha a fronteira entre o ICMS-Mercadoria e o ISS é a tangibilidade, ficando os Estado com a tributação da circulação dos bens materiais, e os Municípios com a tributação da circulação dos bens imateriais.

---

[102] Artigo 966 do atual Código Civil: Considera-se empresário quem exerce profissionalmente atividade econômica organizada para a produção ou a circulação de bens ou de serviços.

[103] MACEDO, Alberto; AGUIRREZÁBAL, Rafael Rodrigues; PINTO, Sergio Luiz de Moraes; Araújo, Wilson José de (Coord.). **Gestão Tributária Municipal e Tributos Municipais –** Volume VI – São Paulo: Quartier Latin, 2017.

Tal posicionamento, como visto, foi encampado pelo STF no julgamento do antes citado Recurso Extraordinário nº 651.703/PR[104], ao menos no que toca aos termos do voto do Ministro Relator Luiz Fux:

> Assim, embora seja possível verificar a existência de corrente doutrinária a identificar o conceito de serviços com obrigação de fazer, há também categorização no sentido de que o conceito econômico de prestação de serviço não se confunde com o conceito de prestação de serviço de Direito Civil, [...]
> Sob este ângulo, o conceito de prestação de serviços não tem por premissa a configuração dada pelo Direito Civil, mas relacionado ao oferecimento de uma utilidade para outrem, a partir de um conjunto de atividades imateriais, prestados com habitualidade e intuito de lucro, podendo estar conjugada ou não com a entrega de bens ao tomador.

Todavia, permitimo-nos discordar dos defensores do conceito econômico de serviço e notadamente no que toca a possibilidade de aceitação de uma tributação residual do ISS em se tratando de produto da atividade econômica que não se enquadre no conceito de mercadoria enquanto bem móvel, corpóreo, destinado à mercancia.

Inicialmente, destacamos que, como visto, nos filiamos ao entendimento de que é possível se admitir um conceito constitucional de mercadoria que envolve um bem incorpóreo colocado no comércio com intuito de mercancia, respeitada a repartição de competências traçada pelo legislador constitucional.

Nesse particular, são válidas as lições de SIMONE RODRIGUES COSTA BARRETO[105], para quem é imperativa a aceitação da mutação do conceito constitucional de mercadoria, visando alcançar bens incorpóreos, respeitadas as competências tributárias:

---

[104] BRASIL. **Supremo Tribunal Federal**. RE nº 651703/PR. Recorrente: Hospital Marechal Cândido Rondon Ltda.. Recorrida: Secretário Municipal de Finanças de Marechal Cândido Rondon. Relator Luiz Fux. Tribunal Pleno. julgado em 29/09/2016, DJe-086 DIVULG 25-04-2017 PUBLIC 26-04-2017.
[105] BARRETO, Simone Rodrigues Costa. **Mutação do conceito constitucional de mercadoria**. 2014 Dissertação (Doutorado em Direito) – Pontifícia Universidade Católica da São Paulo, São Paulo, 2014.

A mutação do conceito constitucional de mercadoria tem o condão de alcançar, além dos bens corpóreos, os incorpóreos. Porém, não é todo bem incorpóreo que será atingido pelo ICMS, mas somente os que são postos no comércio. Necessário se faz, para tributação dos bens incorpóreos, que seu destino seja o comércio. Dessa forma, apenas as operações mercantis que tenham por objeto bens corpóreos ou incorpóreos é que estão sujeitas ao ICMS.

A mutação do signo mercadoria não pode implicar a invasão da competência alheia. É dizer, não se pode tributar pelo ICMS uma prestação de serviço, sob o fundamento de tratar-se de um bem incorpóreo. É preciso distinguir o comércio de um bem corpóreo de uma prestação de serviço, a fim de respeitar a competência dos Estados e dos Municípios. A mutação do conceito de mercadoria não pode ser um pretexto para a tributação, pelos Estados, de prestações de serviços.

Logo, na mesma linha, não se deve admitir uma evolução do conceito constitucional de serviço sob o fundamento de se tributar a circulação econômica de um bem incorpóreo.

Assim, pensamos que, dentro de um sistema constitucional rígido, antes por nós citado, em que as competências tributárias são perfeitamente demarcadas pelo legislador constitucional, parece-nos inconcebível admitir-se uma tributação residual – ainda que adstrita à tributação do consumo – que não seja via técnica da competência residual da União para instituir imposto (CF/88, art. 154, I).

É que, infelizmente, o sistema tributário pátrio difere dos sistemas dos demais países, os quais reconhecemos serem mais modernos, especialmente no que toca à tributação do consumo, usualmente feita por meio de uma única espécie tributária que abarca todo o resultado da atividade econômica, bens e serviços.

De fato, o legislador constitucional parece ter buscado abarcar com o termo "qualquer natureza" uma ampla gama de serviços advindos da atividade empresarial, exceção feita àqueles englobados no conceito de serviço de comunicação e serviço de transporte interestadual ou intermunicipal (tributáveis pelo ICMS, nos termos do art. 155, II, CF/88) ou serviços financeiros e securitários (tributáveis pelo IOF, nos termos do art. 153, V, CF/88).

DAS LIMITAÇÕES À TRIBUTAÇÃO DO *DOWNLOAD* DE *SOFTWARES* PELO ISS

Contudo, não se trata de um cheque em branco dado pelo legislador constitucional, na mediada em que, a rigor, apenas a prestação de uma utilidade com elementos de um serviço – prevista na lista anexa à Lei Complementar – deve ser tributada pelo ISS. E aqui, com o devido respeito, parece-me residir o equívoco daqueles que defendem uma tributação residual do ISS, sob a égide de uma interpretação econômica de serviço como bem imaterial residual em contraponto ao de bens materiais.

É mister esclarecer, entretanto, que não se discorda de que talvez seja essa a acepção mais adequada para a perfeita e completa tributação da atividade empresarial e do consumo no Brasil, mas tal objetivo jamais poderá transcender um sistema constitucional rígido estabelecido pelo legislador, tal como na Constituição Federal de 1988.

Importante esclarecer, ainda, que a tese daqueles que defendem uma evolução ou reinterpretação do conceito de serviços não é propriamente uma novidade na medida em que o tema há tempos já foi abordado pelo STF, antes da vigência da Constituição Federal de 1988, nos Recursos Extraordinários nº 112.947[106] e 115.103[107], onde chegou-se a aplicar um conceito econômico de serviço para se sustentar a incidência do ISS na locação de guindastes.

Contudo, já sob a égide da Constituição Federal de 1988, tal entendimento foi superado por ocasião do julgamento do já citado Recurso Extraordinário nº 116.121-3[108], onde se decidiu, como se sabe, pela impossibilidade da incidência do ISS sobre locação de bens móveis, eis que tal tributo abarca somente a tributação de obrigações de fazer. Nesse sentido, o trecho do voto do Ministro Celso de Mello:

> Tenho para mim, na mesma linha de entendimento exposta por AIRES FERNANDINO BARRETO ("Revista de Direito Tributário", vol. 38/192) e por CLÉBER GIARDINO ("Revista de Direito Tributário", vol. 38/196), que a

---

[106] BRASIL. **Supremo Tribunal Federal**. RE nº 112.947-6/SP. Relator Min. Carlos Madeira. Julgado em 19/06/1987, DJ 07/08/1987.

[107] BRASIL. **Supremo Tribunal Federal**. RE nº 115.103-0/SP. Relator Min. Oscar Corrêa. Julgado em 22/03/1988, DJ 29/04/1988.

[108] BRASIL. **Supremo Tribunal Federal**. RE nº 116.121/SP. Recorrente: Ideal Transportes e Guindastes Ltda. Recorrida: Prefeitura Municipal de Santos/SP. Relator Octavio Gallotti. Tribunal Pleno. j. 11/10/2000, DJ 25/05/2001.

qualificação da "locação de bens móveis", como serviço, para efeito de tributação municipal mediante incidência do ISS, nada mais significa do que a inadmissível e arbitrária manipulação, por lei complementar, da repartição constitucional de competências impositivas, eis que o ISS somente pode incidir sobre obrigações de fazer, a cuja matriz conceitual não se ajusta a figura contratual da locação de bens móveis.

Cabe advertir, neste ponto, que a locação de bens móveis não se identifica e nem se qualifica, para efeitos constitucionais, como serviço, pois esse negócio jurídico – considerados os elementos essenciais que lhe compõem a estrutura material – não envolve a prática de atos que **consubstanciam** um praestare ou um facere.

De tal entendimento, inclusive, emana o verbete contido na súmula vinculante nº 31[109] do próprio STF, cuja eficácia remanesce até o presente momento:

É inconstitucional a incidência do Imposto sobre Serviços de Qualquer Natureza – ISS sobre operações de locação de bens móveis.

Portanto, não há como se ignorar que mesmo a despeito do entendimento contido no antes citado Recurso Extraordinário nº 651.703/PR[110], ainda remanesce em relevante parte da doutrina e mesmo da jurisprudência, aqueles que, a nosso ver, acertadamente, defendem um conceito constitucional de serviço estritamente jurídico, não econômico, segundo qual o ISS somente pode incidir sobre obrigações de fazer.

Sobre esse aspecto, se analisados os votos trazidos por ocasião do julgamento do citado Recurso Extraordinário nº 651.703/PR[111], é possível encontrar ainda uma observância ao aludido conceito de prestação de

---

[109] BRASIL. **Supremo Tribunal Federal**. Súmula Vinculante nº 31. j 04/02/2010.

[110] BRASIL. **Supremo Tribunal Federal**. RE nº 651703/PR. Recorrente: Hospital Marechal Cândido Rondon Ltda.. Recorrida: Secretário Municipal de Finanças de Marechal Cândido Rondon. Relator Luiz Fux. Tribunal Pleno. julgado em 29/09/2016, DJe-086 DIVULG 25-04-2017 PUBLIC 26-04-2017.

[111] BRASIL. **Supremo Tribunal Federal**. RE nº 651703/PR. Recorrente: Hospital Marechal Cândido Rondon Ltda.. Recorrida: Secretário Municipal de Finanças de Marechal Cândido Rondon. Relator Luiz Fux. Tribunal Pleno. julgado em 29/09/2016, DJe-086 DIVULG 25-04-2017 PUBLIC 26-04-2017.

serviço tributável pelo ISS enquanto obrigação de fazer. Nesses termos, tem-se o voto do Ministro Edson Fachin:

ISS incide sobre a prestação de serviços, sendo esse o núcleo da regra-matriz do tributo, o critério material. A incidência, contudo, não se dá sobre toda e qualquer prestação de serviços, mas, sim, "diante da prestação de esforço (físico-intelectual) produtor de utilidade (material ou imaterial) de qualquer natureza, efetuada sob regime de Direito Privado, que não caracterize relação empregatícia" (Marçal Justen Filho, in O ISS na Constituição. São Paulo: Revista dos Tribunais, 1985, p. 80).

Para Aliomar Baleeiro, as características da hipótese de incidência do tributo são: a) a prestação de serviços deve configurar uma utilidade, como uma obrigação de fazer; b) deve ser prestada a terceiros, ou seja, estão excluídos os serviços que uma pessoa executa em seu próprio benefício; c) deve ser executada sem vínculo de subordinação jurídica, mas em caráter independente, excluindo-se, portanto, os serviços prestados pelos empregados a seus empregadores; d) ser objeto de circulação econômica, excluindo-se os serviços gratuitos ou de cortesia; e que seja prestada em regime de direito privado (in Direito Tributário Brasileiro. Atualização de Misabel Abreu Machado Derzi. 12ª edição. Rio de Janeiro: Forense, 2013, p. 729).

Assenta o renomado autor, ex-ministro desta Corte, ainda, que, "em linhas gerais, o fato gerador do ISSQN enquadra-se dentro do conceito de serviço, prestado com autonomia", e preclara que "a doutrina nacional, em sua configuração técnica mais adequada, tem identificado o núcleo material da hipótese de incidência do ISSQN – a prestação de serviços – às obrigações de fazer, em sentido lato, que preencham aqueles requisitos suprareferidos, sem restringi-la aos contratos específicos de serviços, disciplinados pelo Código Civil nos arts. 593 a 609, como contratos típicos inconfundíveis com outros" (idem, p. 728).

Segundo Marçal Justen Filho, a materialidade do ISS não consiste na mera contratação de uma prestação de serviço e, como regra, não basta nem um mero contrato nem o dever jurídico de prestar um serviço, porquanto a materialidade está na atividade de um sujeito configurável como prestação de serviço.

Nessa linha de compreensão doutrinária, não apenas os contratos cuja obrigação de fazer está claramente especificada e identificada imediatamente ou que se enquadrem na definição do artigo 594 do Código Civil, mas também outros tipos contratos escondem uma prestação de serviços especial, como é o caso, ao meu ver, dos contratos de prestação de serviços de saúde.

No caso, tanto a atividade-meio quanto a atividade-fim são obrigações de fazer: as operadoras de planos de saúde, como bem salientou a Procuradoria-Geral da República, tem obrigação fornecer os serviços dispostos na cobertura contratual, a serem realizadas por terceiros, mediante o pagamento de mensalidades. Salienta, ademais, que o fato gerador da obrigação tributária não se realiza com o serviço prestado pelo terceiro (médicos, clínicas ou hospitais), mas com a administração do plano realizada pela própria operadora, serviço sobre qual deve incidir o ISS.

Não há, como assevera a Recorrente e os amici curiae que a sucederam em suas manifestações, uma obrigação de dar, pois não entregam um bem ou uma coisa aos usuários. A obrigação de dar se dá entre a operadora do plano de saúde e os médicos, clínicas e hospitais a ela credenciados, no momento da restituição ou reembolso das despesas que estes tiveram no atendimento dos clientes a ela vinculados. Assim, o núcleo do contrato entre a operadora de planos de saúde e os seus clientes é a disponibilidade, ao usuário contratante, da rede credenciada e a garantia da cobertura dos infortúnios previstos no contrato, e não uma prestação de dar. E essa atividade de disponibilização da rede de atendimento é serviço, sobre o qual pode incidir o ISS.

E não para por aí! Mesmo no julgamento do Recurso Extraordinário – RE nº 547.245/SC[112], frequentemente citado como paradigma de uma suposta ampliação do conceito constitucional de serviços, observa-se um respeito à dicotomia obrigação de dar e fazer. Com efeito, naquela oportunidade constou da aludida decisão que:

> [...] No arrendamento mercantil (leasing financeiro), contrato autônomo que não é contrato misto, o núcleo é o financiamento, não uma prestação de dar. [...]

Logo, denota-se que mesmo nesse caso buscou-se uma análise completa de contratos tidos como complexos e, mesmo que de certo modo

---

[112] Brasil. **Supremo Tribunal Federal**. RE nº 547.245/SC. Recorrente: MUNICÍPIO DE ITAJAÍ. Recorrida: BANCO FIAT S/A. Relator Eros Grau. Tribunal Pleno. Julgado em 02/12/2009, DJe-040 DIVULG 04-03-2010 PUBLIC 05-03-2010.

DAS LIMITAÇÕES À TRIBUTAÇÃO DO *DOWNLOAD* DE *SOFTWARES* PELO ISS

relevado, vê-se que a busca de um fazer como núcleo da atividade que se pretende tributar segue sendo adotado.

Daí porque descordamos daqueles que defendem tratar o conceito de prestação de serviço, enquanto uma obrigação de fazer, como algo ultrapassado, já que, ao revés, o que se denota, é sua contínua adoção, seja pela doutrina quase que dominante, seja pela própria jurisprudência.

O que se tem na verdade, é um retorno dos ecos da teoria do conceito econômico de serviço tributável pelo ISS, ainda tímido, e não o contrário. Até porque, se assim o fosse, não estaria em vigor a súmula vinculante nº 31[113] do STF.

Por bem delimitar o tema a esse respeito, válido o destaque ao entendimento do Ministro Marco Aurélio, no julgamento do citado Recurso Extraordinário nº 651.703/PR[114]:

Mesmo que se sustente terem os precedentes conferido interpretação ampliativa ao vocábulo "serviço" constante no artigo 156, inciso III, da Lei Maior, não há como argumentar superação do entendimento relativamente à necessidade de demonstração de um fazer para fins de incidência tributária. Considero ter o Plenário, na oportunidade, apenas assentado ser indispensável levar em conta, em especial nos negócios jurídicos complexos, o conjunto de atos praticados para extrair a essencialidade da prestação. Se existente, no núcleo da prestação, um ato humano, um fazer, surge presente serviço, visando cobrança de ISS. Se o negócio entabulado revelar, em essência, obrigação de dar, como no caso do arrendamento mercantil operacional, há de excluir-se, ante a apreciação dos citados extraordinários, a atividade do campo de incidência tributária, por não preencher a operação os elementos característicos do tipo serviço.

Isso explica a razão de o verbete vinculante nº 31 permanecer eficaz até os dias de hoje, orientando a jurisprudência deste Tribunal mesmo após o exame dos recursos extraordinários nº 547.245 e 592.905. Justifica também o fato de o Plenário, no julgamento do extraordinário de nº 626.706/SP, relator o ministro Gilmar Mendes, repercussão geral reconhecida, acórdão

---

[113] BRASIL. **Supremo Tribunal Federal**. Súmula Vinculante nº 31. j 04/02/2010.
[114] BRASIL. **Supremo Tribunal Federal**. RE nº 651703/PR. Recorrente: Hospital Marechal Cândido Rondon Ltda.. Recorrida: Secretário Municipal de Finanças de Marechal Cândido Rondon. Relator Luiz Fux. Tribunal Pleno. julgado em 29/09/2016, DJe-086 DIVULG 25-04-2017 PUBLIC 26-04-2017.

publicado no Diário da Justiça de 23 de setembro de 2010, ter reafirmado a não incidência do Imposto Sobre Serviços na locação de bens móveis, considerada a ausência de obrigação de fazer.

Observa-se a adoção da óptica quando da apreciação da medida cautelar na ação direta de inconstitucionalidade nº 4.389/DF, relator o ministro Joaquim Barbosa, acórdão veiculado no Diário da Justiça de 24 de maio de 2011. Muito embora tenha o Relator, na oportunidade, proposto superação do modelo civilístico, ressalte-se a orientação assentada pelo Pleno, que, ao enfrentar o tema relativo à incidência de ISS ou de ICMS na produção de embalagens sob encomenda para posterior industrialização, decidiu a questão a partir do enfoque quanto à preponderância de circulação de mercadoria, e não de um fazer voltado ao benefício do contratante.

No âmbito das Turmas, tem-se a remissão à primazia, ou não, de um fazer na prestação em análise, sempre que estiver em jogo a materialidade do Imposto Sobre Serviços. Nesse sentido, cito: recurso extraordinário nº 602.295/RJ, Primeira Turma, relator o ministro Luís Roberto Barroso, acórdão publicado no Diário da Justiça de 23 de abril de 2015; recurso extraordinário com agravo nº 839.976/RS, Primeira Turma, relator o ministro Luís Roberto Barroso, acórdão veiculado no Diário da Justiça de 10 de fevereiro de 2015; recurso extraordinário com agravo nº 764.452/RJ, Segunda Turma, relatora a ministra Cármen Lúcia, acórdão publicado no Diário da Justiça de 10 de dezembro de 2013; agravo de instrumento nº 803.296/SP, Primeira Turma, relator o ministro Dias Toffoli, acórdão veiculado no Diário da Justiça de 7 de junho de 2013.

Como dizer então ultrapassado o entendimento? Essa, inclusive, vem sendo a orientação balizada na doutrina ainda em nossos dias atrelando o núcleo material da condição de incidência do ISS a obrigação de fazer. A legislação complementar, ao dispor acerca da materialidade do imposto, deve necessariamente obedecer às balizas versadas na própria tipologia constitucional de serviço.

Para caracterização de determinada prestação como serviço, passível de tributação, mostra-se indispensável a presença de esforço humano, da realização de uma obrigação de fazer, ainda que envolva, para a execução, certas obrigações de dar. Não havendo essa nota característica, ou sendo o fazer mero acessório no negócio jurídico entabulado, surge impróprio enquadrar a atividade como serviço, descabendo a tributação em virtude da incompatibilidade material com o previsto no texto constitucional.

DAS LIMITAÇÕES À TRIBUTAÇÃO DO *DOWNLOAD* DE *SOFTWARES* PELO ISS

Com isso, não se pretende apenas interpretar a Constituição Federal a partir do artigo 110 do Código Tributário Nacional, mas, sim, respeitar os próprios limites de competência estabelecidos no figurino constitucional do tributo.

Nesse particular, como reconhece o Ministro Marco Aurélio, o STF ao longo dos últimos anos, reforçou o entendimento acerca do conceito constitucional de serviço como uma obrigação de fazer, e não o contrário. Sobre esse aspecto, destaca-se o entendimento do STF no julgamento do Recurso Extraordinário nº 602.295/RJ[115]:

AGRAVO REGIMENTAL EM RECURSO EXTRAORDINÁRIO. INCIDÊNCIA DE ISS SOBRE LOCAÇÃO DE BENS MÓVEIS. PRETENSA NECESSIDADE DE NOVA INTERPRETAÇÃO APÓS O ADVENTO DA LC Nº 116/2003. ENTENDIMENTO QUE INDEPENDE DO DIPLOMA DE REGÊNCIA POR ESTAR AMPARADO NO CONCEITO CONSTITUCIONAL DE SERVIÇO. 1. A não incidência do ISS sobre a locação de bens móveis decorre da impossibilidade do poder de tributar vir a modificar o conceito constitucional de serviço que provém do direito privado. Tal conclusão afasta a competência do sujeito ativo com relação a qualquer dos diplomas que tenham disciplinado as normas gerais sobre o imposto. Não é por outro motivo que o item da atual lista de serviços que previa a possibilidade de fazer o tributo incidir sobre a atividade em questão foi objeto de veto presidencial. 2. Agravo regimental a que se nega provimento.
[...]
De início, destaco que o Pleno do Supremo Tribunal Federal, por ocasião do julgamento do RE 116.121, Rel. para o acórdão o Min. Marco Aurélio, considerou inconstitucional a incidência do Imposto sobre Serviços – ISS sobre os contratos de locação de bens móveis.
[...]
Segundo entendimento desta Corte, o poder de tributar municipal não pode alterar o conceito de serviço consagrado pelo direito privado, consoante prevê o art. 110 do Código Tributário Nacional. Ademais, não há que se falar na superação do entendimento da Súmula Vinculante nº 31 pelo

---

[115] BRASIL. **Supremo Tribunal Federal**. RE nº 602.295/RJ. Relator Min. Roberto Barroso. Primeira Turma. Julgado em 07/04/2015, DJe-075 DIVULG 22-04-2015 PUBLIC 23-04--2015.

advento da edição da LC nº 116/2003. É certo que a Lei Complementar nº 116/2003 revogou a lista de serviço da legislação anterior e estabeleceu um novo rol de materialidades para o imposto. Na lista atual, a locação de bens móveis seria o item 3.01 (Locação de bens móveis) da lista de serviços tributáveis. Entretanto, a intenção do legislador não se confirmou por força do veto presidencial, que foi motivado pela orientação jurisprudencial desta Corte. [...]

Também não merece prosperar o argumento de que há fortes indícios da superação do entendimento deste Tribunal a respeito da matéria em exame, uma vez que a jurisprudência permanece afirmando que não incide ISS sobre locação de bens móveis e que a Constituição não concede aos entes municipais da federação a competência para alterar a definição e o alcance de conceitos de Direito Privado para fins de instituição do tributo.

No mesmo sentido, são os entendimentos contido nos Recursos Extraordinários com Agravo nº 839.976/RS[116] e 764.452/RJ[117], bem como no agravo de instrumento nº 803.296/SP[118], este último cujo teor se reproduz, parcialmente, a seguir:

Agravo regimental no recurso extraordinário. Serviço de composição gráfica com fornecimento de mercadoria. Conflito de incidências entre o ICMS e o ISSQN. Serviços de composição gráfica e customização de embalagens meramente acessórias à mercadoria. Obrigação de dar manifestamente preponderante sobre a obrigação de fazer, o que leva à conclusão de que o ICMS deve incidir na espécie.

1. Em precedente da Corte consubstanciado na ADI nº 4.389/DF-MC, restou definida a incidência de ICMS sobre operações de industrialização por encomenda de embalagens, destinadas à integração ou utilização direta em processo subsequente de industrialização ou de circulação de mercadoria.

2. A verificação da incidência nas hipóteses de industrialização por encomenda deve obedecer dois critérios básicos: (i) verificar se a venda opera-

[116] BRASIL. **Supremo Tribunal Federal**. ARE nº 839976/RS. Relator Min. Roberto Barroso. Primeira Turma. Julgado em 10/02/2015, DJe-047 DIVULG 11-03-2015 PUBLIC 12-03--2015.

[117] BRASIL. **Supremo Tribunal Federal**. ARE nº 764452/RJ. Relator Min. Cármen Lúcia. Segunda Turma. Julgado em 03/12/2013, DJe-242 DIVULG 09-12-2013 PUBLIC 10-12--2013.

[118] BRASIL. **Supremo Tribunal Federal**. AI nº 803296/SP. Relator Min. Dias Toffoli. Primeira Turma. Julgado em 09/04/2013, DJe-107 DIVULG 06-06-2013 PUBLIC 07-06-2013.

DAS LIMITAÇÕES À TRIBUTAÇÃO DO *DOWNLOAD* DE *SOFTWARES* PELO ISS

-se a quem promoverá nova circulação do bem e (ii) caso o adquirente seja consumidor final, avaliar a preponderância entre o dar e o fazer mediante a averiguação de elementos de industrialização.

4. À luz dos critérios propostos, só haverá incidência do ISS nas situações em que a resposta ao primeiro item for negativa e se no segundo item o fazer preponderar sobre o dar.

5. A hipótese dos autos não revela a preponderância da obrigação de fazer em detrimento da obrigação de dar. Pelo contrário. A fabricação de embalagens é a atividade econômica específica explorada pela agravante. Prepondera o fornecimento dos bens em face da composição gráfica, que afigura-se meramente acessória. Não há como conceber a prevalência da customização sobre a entrega do próprio bem. 6. Agravo regimental não provido.

Logo, não há que se falar em um conceito ultrapassado de prestação de serviço enquanto obrigação de fazer, ao revés, vê-se um entendimento jurisprudencial e doutrinário dominante nesse sentido, como será reforçado a seguir.

Por outro lado, o que se denota, é que sob o escudo de uma suposta evolução jurisprudencial e doutrinária, longe de ser uníssona, traz-se novamente à baila um conceito de serviço – inaplicável ao menos dentro do sistema tributário pátrio – que busca respaldo na economia para atingir uma amplitude conceitual cuja finalidade é por uma via indireta transformar o sistema tributário brasileiro, que privilegia a repartição de competências estabelecida pelo legislador constitucional, em um sistema tributário que adota a mais moderna concepção de tributação do consumo mediante a adoção de impostos que a comportam, sejam eles Impostos Sobre Valor Agredado – IVAs, Impostos sobre Bens e Serviços – IBSs, Impostos sobre Consumo – IC, etc.

Contudo, sem uma devida reforma tributária em âmbito constitucional, pensamos que tal interpretação não pode prevalecer. Melhor dizendo, entendemos que a adoção de um conceito econômico de serviço é o futuro da tributação sobre o consumo na era da tecnologia e do comércio digital[119], porém somos contra a adoção do conceito econômico preconizado por parte de nossa doutrina e com novos ecos recentes na

---

[119] Uma vez adotado um imposto único sobre consumo por meio do adequado processo legislativo.

jurisprudência, por não admitir o caráter residual que o acompanha e, principalmente, porque entendemos que para caracterização de determinado serviço como passível de tributação, além de sua previsão na lista de serviços, mostra-se indispensável a presença de uma prestação, isto é, esforço humano, da realização de uma obrigação de fazer, ainda que envolva, para a execução, certas obrigações de dar.

Nesse particular, nada melhor do que nos valermos das lições de AIRES BARRETO[120] para uma vez mais reforçarmos o conceito de serviço tributável:

> [...] o desempenho de atividade economicamente apreciável, sem subordinação, produtiva de utilidade para outrem, sob o regime de direito privado, com fito de remuneração, não compreendido na competência de outra esfera de governo.

As lições de JOSÉ EDUARDO SOARES DE MELO[121], também revelam-se fundamentais à conclusão pretendida, notadamente quanto à elucidação de que não é unicamente o serviço em si o cerne da materialidade do ISS, mas sim a prestação de serviços:

> A materialidade de qualquer tributo é rotulada, na legislação como fato gerador da obrigação tributária, embora se compreenda na referida expressão a situação hipotética (previsão legal), como a situação fática (acontecimento real). Relativamente ao ISS, a Constituição estabelece o seguinte:
> 'Art. 156 – Compete aos Municípios instituir impostos sobre:
> [...]
> III – serviços de qualquer natureza, não compreendidos no art. 155, II, definidos em lei complementar.'
> O cerne da materialidade da hipótese de incidência do imposto em comento não se circunscreve a serviço, mas a uma prestação de serviço compreendendo um negócio (jurídico) pertinente a uma obrigação de fazer, de conformidade com os postulados e diretrizes do direito privado.
> [...]

---

[120] BARRETO, **Aires F. ISS na Constituição e na Lei**. São Paulo, 3ª ed. Dialética, 2009, p. 35.
[121] MELO, José Eduardo Soares de. ISS – **Aspectos teóricos e práticos**, 5ª ed. São Paulo: Dialética, 2008. p. 33/34.

DAS LIMITAÇÕES À TRIBUTAÇÃO DO *DOWNLOAD* DE *SOFTWARES* PELO ISS

Não se pode considerar a incidência tributária restrita à figura de serviços, como uma atividade realizada, mas, certamente, sobre a prestação do serviço, porque esta é que tem a virtude de abranger os elementos imprescindíveis à sua configuração, ou seja, o prestador e o tomador, mediante a instauração de relação jurídica de direito privado, que irradia os naturais efeitos tributários.

O tributo não incide unicamente sobre utilidade, comodidade, coisa, bem imaterial etc. A circunstância de no âmbito estadual a CF haver estipulado prestações e serviços de transporte interestadual e intermunicipal, e de comunicação (art. 155, II – ICMS); e no âmbito municipal haver omitido o referido vocábulo (prestações) – só mencionando serviços de qualquer natureza (art. 156, III – ISS) – não significa que também não se estaria cogitando da necessidade de efetiva prestação.

Daí porque nos filiamos aqueles que veem como indispensável a existência de um fazer para se chegar à materialidade do ISS, do contrário, de fato, poderia se cogitar de uma amplitude do conceito a ponto de abarcar a visão econômica de serviços como simples produto imaterial da atividade econômica.

Todavia, não se está só a falar de serviço, mas sim a prestação de um serviço, tal como bem define Marçal Justen Filho[122]:

[...] cabível definir a materialidade da hipótese de incidência do ISS nos seguintes termos: prestação de esforço (físico-intelectual) produtor de utilidade (material ou imaterial) de qualquer natureza, efetuado sob o regime de Direito Privado, que não caracterize relação empregatícia.

Pela objetividade, válido ainda trazer outros esclarecimentos de Elizabeth Nazar Carraza[123]:

Indo ao ponto, quando a Constituição autorizou os Municípios a criarem o ISS, delimitou, de plano, o núcleo dos fatos que podem eleger como suporte material da hipótese de incidência deste tributo; a saber: a prestação de

---

[122] Filho. Marçal Justen. **O ISS na Constituição**. São Paulo: Revista dos Tribunais, 1985, p. 83.
[123] Carraza. Elizabeth Nazar (Coord); Jesus, Isabela Bonfá de (Org.). **Atualidade do Sistema Tributário Nacional**. São Paulo: Quartier Latin, 2015, p. 20/21.

serviço de qualquer natureza, não compreendido no artigo 155, II (art. 156, III). Há, pois, uma noção constitucional de serviços, que não pode ser ultrapassada pelo legislador infraconstitucional (seja o complementar, seja o ordinário municipal).

Temos, deste modo, que a noção de serviço de qualquer natureza é constitucional, na medida em que o Texto Magno identificou-a com precisa, justamente para distingui-la de outros fatos, tributáveis pelas demais pessoas políticas.

Em rigor, se o legislador (ordinário ou, mesmo, complementar) tudo pudesse inserir no conceito serviço de qualquer natureza, a rigidez de nosso sistema constitucional, plasmada pelo Constituinte, seria reduzida a tassalhos.

III- Daí podermos avançar o raciocínio, frisando que o ISS surge da execução de uma obrigação de fazer, isto é, do fato de uma pessoa, física ou jurídica, realizar remuneradamente uma atividade, física ou intelectual em favor de terceiro.

Portanto, reforçamos a nossa conclusão de que para se alcançar a materialidade do ISS mostra-se indispensável a presença de uma prestação, isto é, esforço humano, da realização de uma obrigação de fazer.

Nessa medida, retomando ao enfoque do presente estudo, entendemos existir limitação formal à tributação do licenciamento de softwares pelo ISS, apoiados no conceito constitucional e jurídico de serviço, segundo o qual o ISS incide apenas sobre atividades que reúnam as características de uma obrigação de fazer, afastando-se, assim, a ideia de uma conceituação econômica que lhe possa fazer incidir residualmente sobre a circulação econômica de bens imateriais.

Com efeito, de forma similar ao que se viu no ICMS, a conclusão pela impossibilidade de tributação pelo ISS no caso concreto nos leva a uma segunda, qual seja: a de que as operações com *softwares*, especialmente a sua licença de uso por ser tratar de típica obrigação de dar, sejam elas por *download* ou não, estão e sempre estiveram fora do campo de incidência do ISS.

Evidentemente tal conclusão se restringe às receitas obtidas exclusivamente com licença de uso de *softwares*, na medida em que entendemos que a atividade de elaboração de programas de computadores, inclusive de jogos eletrônicos, prevista no subitem 1.04 da lista anexa à LC nº 116/2003, adequa-se ao conceito de prestação de serviços aqui delineado. Portanto, se as receitas de licença de uso de *software* estão fora do campo de incidência do ISS, o mesmo não se pode dizer da atividade de elaboração destes.

Diante dessa realidade, poder-se-ia dizer que a conclusão trazida no presente estudo, que afasta a incidência de ISS (e do ICMS) se restringe aos *softwares* ditos "de prateleira".

De fato, tal conclusão dependerá da conformação do contrato em que se baseia a atividade de elaboração de programas de computador. Isto porque, se as importâncias relativas ao serviço e à licença forem devidamente segregadas em contrato, possam ser economicamente justificadas, possuam substância econômica e parâmetro de mercado, há elementos para se tributar, pelo ISS, apenas a atividade de elaboração, jamais a licença de uso.

7. Conclusão

Tal como delineado no tópico introdutório do presente trabalho, tendo como partida o sistema constitucional tributário rígido estabelecido pelo legislador na Constituição Federal de 1988, buscamos demonstrar que se considerada a natureza jurídica do software legalmente definida, sua forma de exploração econômica ou comercialização, a ofensiva dos Estados e, especialmente, do Estado de São Paulo, visando a tributação do softwares, inclusive comercializados mediante transferência eletrônica (download), pelo ICMS, mostra-se totalmente inócua frente à materialidade ou hipótese de incidência dessa espécie tributária constitucionalmente traçada, notadamente quanto à circulação de mercadorias.

No mesmo sentido, logramos demonstrar que, sob o ponto de vista do ISS, considerando a competência tributária atribuída aos Municípios – nos termos do artigo 156, III, da Constituição Federal de 1988 – para instituir a cobrança de imposto sobre a prestação de serviços não compreendidos no campo de incidência do ICMS e os conceitos de direito privado do que vem a ser a prestação de serviços (obrigação de fazer), sequer deveria se cogitar a tributação pelo ISS baseada em licença de uso de *softwares*, inclusive por meio de *download*.

Diante disso e do quanto explicitado nos tópicos do presente trabalho, é evidente a impossibilidade da tributação de *softwares*, inclusive via *download*, ao menos no cenário atual, sem uma necessária reforma do sistema tributário nacional, considerando as espécies tributárias analisadas (ICMS e ISS) e suas respectivas materialidades ou hipóteses de incidência traçadas de maneira rígida pelo sistema constitucional tributário.

E, diante da conclusão alcançada, aos contribuintes, por sua vez, não cabe simplesmente aguardar que a questão seja dirimida com base no critério definido pelo STF envolvendo *softwares* personalizados e de prateleira, há que buscar segurança jurídica para o desempenho de suas atividades econômicas o que, invariavelmente, passa pela análise profunda dessas disposições legislativas, em especial quanto à possibilidade de irradiarem elas efeitos considerando as espécies tributárias aqui analisadas.

Portanto, urge que a corte suprema analise os casos postos à sua apreciação considerando o enfoque aqui proposto, bem como que as autoridades fiscais revisem seus entendimentos mediante consideração das particularidades aqui traçadas.

Tais providências, no entanto, apenas passarão a ser adotados, caso os contribuintes sejam diligentes na busca da necessária segurança jurídica já aqui antes citada, contestando e opondo-se a toda e qualquer pretensão de se tributar indevidamente as operações que envolvam a simples licença de uso *softwares*, inclusive por meio de *download*.

8. Referências

ALMEIDA, Carlos Ferreira de. **Contratos II**. Coimbra: Almedina, 2007.

ATALIBA, Geraldo. **Hipótese de Incidência Tributária**. 6ª ed. São Paulo: Revista dos Tribunais, 2002.

ÁVILA, Humberto. **Sistema Constitucional Tributário**. 4ª ed. São Paulo: Saraiva, 2010.

BALEEIRO, Aliomar. **Direito Tributário Brasileiro**. Atualização de Misabel Abreu Machado Derzi. 13ª ed. Rio de Janeiro: Forense. 2013.

BARRETO, **Aires F. ISS na Constituição e na Lei**. São Paulo, 3ª ed. Dialética, 2009.

BARRETO, Simone Rodrigues Costa. **Mutação do conceito constitucional de mercadoria**. 2014 Dissertação (Doutorado em Direito) – Pontifícia Universidade Católica da São Paulo, São Paulo, 2014.

BRASIL. Constituição (1988). **Constituição da República Federativa do Brasil**. Brasília, DF: Senado, 1988.

BRASIL. **Código Tributário Nacional**. Lei nº 5.172, de 25 de outubro de 1966. Dispõe sobre o Sistema Tributário Nacional e institui normas gerais de direito tributário aplicáveis à União, Estados e Municípios. Disponível em: http://www.planalto.gov.br/ccivil_03/leis/l5172.htm.

BRASIL. **Conselho Nacional de Política Fazendária – CONFAZ. CONVÊNIO ICMS 181**, de 28 de dezembro de 2015. Autoriza as unidades federadas que especifica a conceder redução de base de cálculo nas operações com softwares, programas, jogos eletrônicos, aplicativos, arquivos eletrônicos e congêneres na forma que especifica.

BRASIL. **Conselho Nacional de Política Fazendária – CONFAZ. CONVÊNIO ICMS 181**, de 29 de setembro de 2017. Disciplina os procedimentos de cobrança do ICMS incidente nas operações com bens e mercadorias digitais comercializadas por meio de transferência eletrônica de dados e concede isenção nas saídas anteriores à saída destinada ao consumidor final.

BRASIL. **Conselho Municipal de Tributos de São Paulo- CMT/SP** – Segunda Câmara Julgadora – Processo Administrativo nº 2013--0.036.082-4 – Julgado em 22/08/2013 – Relator: CYNTHIA CHRISTINA BIRGEL.

BRASIL. **Conselho Municipal de Tributos de São Paulo- CMT/SP** – Quarta Câmara Julgadora – Processo Administrativo nº 2014--0.205.575-3- Julgado em 09/12/2014- Relator: Paulo Roberto Andrade.

BRASIL. **Decisão Normativa CAT nº 4, de 20 de setembro de 2017.** Secretaria da Fazenda do Estado de São Paulo.

BRASIL. **Decreto do Estado de São Paulo 45.490 de 30 de novembro de 2000.** Aprova o Regulamento do Imposto sobre Operações Relativas à Circulação de Mercadorias e sobre Prestações de Serviços de Transporte Interestadual e Intermunicipal e Comunicação – RICMS.

BRASIL. **Decreto do Estado de São Paulo 51.619 de 27 de fevereiro de 2007.** Introduz cálculo específico da base de tributação do ICMS em operações com programas de computador.

BRASIL. **Decreto do Estado de São Paulo 61.522 de 29 de setembro de 2015.** Revoga o Decreto nº 51.619, de 2007, que introduz cálculo específico da base de tributação do ICMS em operações com programas de computador.

BRASIL. **Decreto do Estado de São Paulo 61.791 de 11 de janeiro de 2016.** Introduz alterações no Regulamento do Imposto sobre Operações Relativas à Circulação de Mercadorias e sobre Prestações de Serviços de Transporte Interestadual e Intermunicipal e de Comunicação – RICMS.

BRASIL. **Decreto-Lei nº 406 de 31 de dezembro de 1968.** Estabelece normas gerais de direito financeiro, aplicáveis aos impostos sobre operações relativas à circulação de mercadorias e sobre serviços de qualquer natureza, e dá outras providências.

REFERÊNCIAS

BRASIL. **Lei Complementar nº 56 de 15 de dezembro de 1987**. Dá nova redação à Lista de Serviços a que se refere o art. 8º do Decreto-lei nº 406, de 31 de dezembro de 1968, e dá outras providências.

BRASIL. **Lei Complementar nº 87/96**. Dispõe sobre o imposto dos Estados e do Distrito Federal sobre operações relativas à circulação de mercadorias e sobre prestações de serviços de transporte interestadual e intermunicipal e de comunicação, e dá outras providências. (LEI KANDIR).

BRASIL. **Lei Complementar nº 116 de 31 de julho de 2003**. Dispõe sobre o Imposto Sobre Serviços de Qualquer Natureza, de competência dos Municípios e do Distrito Federal, e dá outras providências. Diário Oficial [da República Federativa do Brasil], Brasília, 1º de agosto de 2003.

BRASIL. **Lei nº 10.406, de 10 de janeiro de 2002. Institui o Código Civil**. Diário Oficial [da República Federativa do Brasil], Brasília, 11 de janeiro de 2002.

BRASIL. **Lei nº 9.609, de 19 de fevereiro de 1998**. Dispõe sobre a proteção da propriedade intelectual de programa de computador, sua comercialização no País, e dá outras providências. Disponível em: http://www.planalto.gov.br/ccivil_03/leis/L9609.htm.

BRASIL. **Lei nº 9.610, de 19 de fevereiro de 1998**. Altera, atualiza e consolida a legislação sobre direitos autorais e dá outras providências. Disponível em: http://www.planalto.gov.br/ccivil_03/leis/L9610.htm.

BRASIL. **Lei do Estado de São Paulo nº 6.374 de 01 de março de 1989**. Dispõe sobre a instituição do ICMS

BRASIL. **Parecer normativo SF do Município de São Paulo nº 01, de 18 de julho de 2017**. Dispões sobre a incidência do Imposto Sobre Serviços de Qualquer Natureza – ISS relativamente aos serviços de licenciamento ou cessão de direito de uso de programas de computação, por meio de suporte físico ou por transferência eletrônica de dados, ou quando instalados em servidor externo.

BRASIL. **Resposta à Consulta da Secretaria da Fazenda do Estado de São Paulo nº 13.194** de 10 de novembro de 2016.

BRASIL. **Resposta à Consulta da Secretaria da Fazenda do Estado de São Paulo nº 10.382** de 28 de junho de 2016.

BRASIL. **Solução de Consulta nº 25, de 08 de junho de 2011**, emitida pelo Departamento de Tributação e Julgamento da Secretaria e Finanças do Município de São Paulo.

BRASIL. **Solução de Consulta nº 65, de 06 de dezembro de 2012**, emitida pelo Departamento de Tributação e Julgamento da Secretaria e Finanças do Município de São Paulo.

BRASIL. **Superior Tribunal de Justiça**. Súmula 166. Primeira Seção., DJ 23/08/1996.

BRASIL. **Superior Tribunal de Justiça**. RMS nº 5.934/RJ. Recorrente: Pars Produtos de Processamento de Dados Ltda. Recorrido: Estado do Rio de Janeiro. RelHélio Mosimann, 2ª Turma, julgado em 04/03/1996.

BRASIL. **Superior Tribunal de Justiça**. AgRg no AREsp 32.547/PR, Rel. Ministro HUMBERTO MARTINS, SEGUNDA TURMA, julgado em 20/10/2011, DJ. 27/10/2011.

BRASIL. **Superior Tribunal de Justiça**. Resp nº 32.303/SP. Recorrente: BOB'S Industria e Comércio Ltda. Recorrida: Estado do Rio de Janeiro. Rel. Milton Luiz Pereira, 1ª Turma, julgado em 06/03/1995.

BRASIL. **Superior Tribunal de Justiça**. Resp nº 1.070.404/SP. Recorrente: MUNICÍPIO DE São Paulo. Recorrida: VS – VIA SOFT INFORMÁTICA LTDA. Rel. Eliana Calmon, 2ª Turma, julgado em 26/08/2008.

BRASIL. **Superior Tribunal de Justiça**. Resp nº 216.967/SP. Recorrente: TOPSYS CONSULTORIA DE SISTEMAS LTDA. Recorrida: MUNICÍPIO DE SÃO PAULO. Rel. Eliana Calmon, 2ª Turma, julgado em 28/08/2001.

BRASIL. **Superior Tribunal de Justiça**. Resp nº 633.405/RS. Recorrente: MUNICÍPIO DE CAXIAS DO SUL Recorrida: CONSTAT SERVIÇOS EM INFORMÁTICA LTDA. Rel. Luiz Fux, 1ª Turma, julgado em 24/11/2004.

BRASIL. **Superior Tribunal de Justiça**. Resp nº 814.075/MG. Recorrente: AKRON PROJETO E AUTOMAÇÃO LTDA. Recorrida: MUNICÍPIO DE LUZ. Rel. Ministro Luiz Fux, 1ª Turma, julgado em 12/02/2008, Diário da Justiça em 02/04/2008.

BRASIL. **Superior Tribunal de Justiça**. Resp nº 443.119/RJ. Recorrente: NVL SOFTWARE E MULTIMIDIA LTDA. Recorrido: REINALDO DE

REFERÊNCIAS

PAULA MACHADO. Rel. Ministra Nancy Andrighi, Terceira Turma, julgado em 08/05/2003, DJ 30/06/2003 p. 240.

BRASIL. **Supremo Tribunal Federal**. Súmula Vinculante nº 31. j 04/02/2010.

BRASIL. **Supremo Tribunal Federal**. RE nº 112.947-6/SP. Relator Min. Carlos Madeira. Julgado em 19/06/1987, DJ 07/08/1987.

BRASIL. **Supremo Tribunal Federal**. RE nº 607.056/RJ. Recorrente: Estado do Rio de Janeiro. Recorrida: Condomínio do Edifício Paulo. Relator Dias Toffoli. Tribunal Pleno. j. 10.04.2013, DJe 16/05/2013.

BRASIL. **Supremo Tribunal Federal**. RE nº 267.599/MG. Recorrente: LAFARGE BRASIL S/A. Recorrida: ESTADO DE MINAS GERAIS. Relator Ellen Gracie. Tribunal Pleno. j. 06/04/2010, DJ 30/04/2010.

BRASIL. **Supremo Tribunal Federal**. RE nº 116.121/SP. Recorrente: Ideal Transportes e Guindastes Ltda. Recorrida: Prefeitura Municipal de Santos/SP. Relator Octavio Gallotti. Tribunal Pleno. j. 11/10/2000, DJ 25/05/2001.

BRASIL. **Supremo Tribunal Federal**. RE nº 176.626-0/SP. Recorrente: Estado de São Paulo. Recorrida: MUNPS PROCESSAMENTO DE DADOS LTDA. Relator Sepúlveda Pertence. 1ª Turma. julgado em 10/11/1998, DJ 11-12-1998 PP-00010 EMENT VOL-01935-02 PP-00305 RTJ VOL-00168-01 PP-00305.

BRASIL. **Supremo Tribunal Federal**. RE nº 199.464-9/SP. Recorrente: Estado de São Paulo. Recorrida: BRASOFT PRODUTOS DE INFORMATICA LTDA. Relator Ilmar Galvão. 1ª Turma. julgado em 02/03/1999, DJ 30-04-1999 PP-00023 EMENT VOL-01948-02 PP-00307.

BRASIL. **Supremo Tribunal Federal**. RE nº 547.245/SC. Recorrente: MUNICÍPIO DE ITAJAÍ. Recorrida: BANCO FIAT S/A. Relator Eros Grau. Tribunal Pleno. Julgado em 02/12/2009, DJe-040 DIVULG 04-03-2010 PUBLIC 05-03-2010.

BRASIL. **Supremo Tribunal Federal**. RE nº 592.905/SC. Recorrente: HSBC INVESTMENT BANK BRASIL S/A. Recorrida: MUNICÍPIO DE CAÇADOR. Relator Eros Grau. Tribunal Pleno. Julgado em 02/12/2009, DJe-040 DIVULG 04-03-2010 PUBLIC 05-03-2010.

BRASIL. **Supremo Tribunal Federal**. RE nº 651703/PR. Recorrente: Hospital Marechal Cândido Rondon Ltda.. Recorrida: Secretário Municipal de Finanças de Marechal Cândido Rondon. Relator Luiz

Fux. Tribunal Pleno. julgado em 29/09/2016, DJe-086 DIVULG 25-04-2017 PUBLIC 26-04-2017.

Brasil. **Supremo Tribunal Federal**. RE nº 688.223/PR. Recorrente: TIM CELULAR S/A. Recorrida: MUNICÍPIO DE CURITIBA. Relator Luiz Fux. Tribunal Pleno. julgado em 20/09/2012, DJe-195 DIVULG 03-10-2012 PUBLIC 04-10-2012.

Brasil. **Supremo Tribunal Federal**. ADI nº 5576. Requerente: CONFEDERACAO NACIONAL DE SERVICOS – CNS. Requerido: GOVERNADOR DO ESTADO DE SÃO PAULO. Relator MIN. ROBERTO BARROSO.

Brasil. **Supremo Tribunal Federal**. ADI nº 5659. Requerente: CONFEDERACAO NACIONAL DE SERVICOS – CNS. Requerido: ESTADO DE MINAS GERAIS. Relator MIN. DIAS TOFFOLI.

Brasil. **Supremo Tribunal Federal**. ADI nº 1945 MC. Requerente: PARTIDO DO MOVIMENTO DEMOCRÁTICO BRASILEIRO – PMDB. Requerido: GOVERNADOR DO ESTADO DE MATO GROSSO. Relator Gilmar Mendes. Tribunal Pleno. julgado em 26/05/2010, DJe-047 DIVULG 11-03-2011 PUBLIC 14-03-2011 EMENT VOL-02480-01 PP-00008 RTJ VOL-00220-01 PP-00050.

Brasil. **Tribunal de Justiça do Estado de São Paulo**. Arguição de Inconstitucionalidade nº 0011467-20.2016.8.26.0000,. Rel. Márcio Bartoli, Órgão Especial do Tribunal de Justiça de São Paulo, julgado em 18/05/2016.

Brasil. **Tribunal de Justiça do Estado de São Paulo**. Arguição de Inconstitucionalidade nº 0531762- 31.2010.8.26.0000. Rel. Antonio Carlos Malheiros, Órgão Especial do Tribunal de Justiça de São Paulo, julgado em 13/04/2011.

Brasil. **Tribunal de Justiça do Estado de São Paulo**. Apelação nº 0051007-52.2012.8.26.0053. Apelante: TARGETWARE INFORMÁTICA LTDA. Apelada: CHEFE DE DEPARTAMENTO DE RENDAS MOBILIÁRIAS DO MUNICÍPIO DE SÃO PAULO-SP.. Rel. Roberto Matins de Souza, 18ª Câmara de Direito Público, julgado em 28/08/2014.

Brasil. **Tribunal de Justiça do Estado de São Paulo**. Apelação nº 0018226-45.2010.8.26.0053. Apelante: ITAUTEC S.A. – GRUPO ITAUTEC. Apelada: PREFEITURA MUNICIPAL DE SÃO

PAULO. Rel. Raul de Felice, 15ª Câmara de Direito Público, julgado em 15/09/2015.

BRASIL. **Tribunal de Justiça do Estado de São Paulo**. Apelação nº 1001507-47.2015.8.26.0068. Apelante: Próximo Games Distribuidora de Eletrônicos Ltda. Apelada: Fazenda do Estado de São Paulo. Rel. Marcelo Martins Berthe, 5ª Câmara de Direito Público, julgado em 06/02/2017.

BRASIL. **Tribunal de Justiça do Estado de São Paulo**. Apelação nº 1004694-33.2014.8.26.0445. Apelante: EMBRAS EMPRESA BRASILEIRA DE TECNOLOGIA LTDA. Apelada: MUNICÍPIO DE PINDAMONHANGABA. Rel. Rodrigues de Aguiar, 15ª Câmara de Direito Público, julgado em 14/03/2017.

BRASIL. **Tribunal de Impostos e Taxas do Estado de São Paulo – TIT/ /SP – CAMARA SUPERIOR** – Julgado em 29/01/2015 – Relator Vanessa Pereira Rodrigues Domene.

BRASIL. **Tribunal de Impostos e Taxas do Estado de São Paulo – TIT/ /SP** – Quarta Câmara Julgadora – Julgado em 07/08/2014 – Relator: Klayton Munehiro Furugem.

BRIGAGÃO, Gustavo e LYRA, Bruno. **Aspectos Tributários do Comércio Eletrônico Internacional.** In: TORRES, Heleno Taveira (coord.). Direito Tributário e Ordem Econômica: Homenagem aos 60 anos da ABDF. São Paulo: Quartier Latin, 2010.

CHIESA, Clélio. **Competência para tributar operações com programas de computador (softwares)**. Revista Tributária e de Finanças Públicas, a. 9, n. 36, jan./fev. 2001.

CHIESA, Clélio. **O Imposto sobre Serviços de Qualquer Natureza e Aspectos Relevantes da Lei Complementar nº 116/2003**. In ROCHA, Valdir de Oliveira (org.) **O ISS e a LC 116**. São Paulo: Dialética, 2009.

CARRAZZA. Elizabeth Nazar (Coord); JESUS, Isabela Bonfá de (Org.). **Atualidade do Sistema Tributário Nacional**. São Paulo: Quartier Latin, 2015.

CARRAZZA, Roque Antonio. **Curso de Direito Constitucional Tributário**. 28ª. ed. São Paulo: Malheiros Editores, 2012.

CARRAZZA, Roque Antonio. **ICMS**. 17ª ed. São Paulo: Malheiros Editores, 2015.

CARVALHO, Aurora Tomazini, Curso de teoria geral do direito: o construtivismo lógico semântico. 3 ed. São Paulo: Noeses. 2013.

CARVALHO, Paulo De Barros, **Direito Tributário Linguagem e Método**. 3ª ed. São Paulo: Noeses. 2009. p. 464.

FILHO. Marçal Justen. **O ISS na Constituição**. São Paulo: Revista dos Tribunais, 1985, p. 83.

GONÇALVES, Renato Lacerda de Lima. **A Tributação do *Software* no Brasil**. São Paulo: Quarter Latin, 2005.

GRECO, Marco Aurélio. **Internet e Direito**. 2ª ed. São Paulo: Dialética, 2000.

MACEDO, Alberto; AGUIRREZÁBAL, Rafael Rodrigues; PINTO, Sergio Luiz de Moraes; Araújo, Wilson José de (Coord.). **Gestão Tributária Municipal e Tributos Municipais** – Volume VI – São Paulo: Quartier Latin, 2017.

MACEDO, Alberto. ISS – **O Conceito Econômico de Serviços Já Foi Juridicizado Há Tempos Também pelo Direito Privado**. In: XII Congresso Nacional de Estudos Tributários – Direito Tributário e os Novos Horizontes do Processo. MACEDO, Alberto [et all]. – São Paulo: Editora Noeses, 2015.

MACHADO, Hugo de Brito. **Curso de direito tributário**. 27ª ed. São Paulo: Malheiros, 2006. p. 379.

MARTINS, Ives Gandra da Silva. **O Licenciamento e o sub-licenciamento de programas de software não se confundem com circulação de mercadorias impossibilidade de incidirem sobre as respectivas operações ICMS**. Revista de Imposto de Renda, n. 270, jan., São Paulo: CERFIR, 1990.

MELO, José Eduardo Soares de. **Curso de Direito Tributário**, 10ª Ed., Ed. Dialética, São Paulo, 2012.

MELO, José Eduardo Soares de. **ISS – Aspectos teóricos e práticos**, 5ª ed. São Paulo: Dialética, 2008.

MELO, José Eduardo Soares de. **ICMS – Teoria e Prática**, 9ª ed. São Paulo: Dialética, 2006.

MORAES, Bernardo Ribeiro de. **Doutrina e Prática do Imposto sobre Serviços**. 1ª Ed, 3ª tiragem. São Paulo: Editora Revista dos Tribunais, 1984.

OLIVEIRA, Júlio M. de. Tributação do Software pelo ICMS (Mercadoria, Serviço ou Cessão de direitos), Jota, disponível em https://jota.info/

REFERÊNCIAS

artigos/tributacao-do-software-pelo-icms-mercadoria-servico-ou-cessao-de-direitos. Acesso em 23/03/2017.

PADILHA, Maria Ângela Lopes Paulino. **Tributação de Software. Exame da constitucionalidade da incidência do ISS e do ICMS-Mercadoria sobre a licença de uso de progrma de computador disponibilizado eletronicamente**. 2016 Dissertação (Mestrado em Direito) – Pontifícia Universidade Católica da São Paulo, São Paulo, 2016.

POLI, Leonardo Macedo. **Direito de Autor e Software**. Belo Horizonte: Del Rey, 2003.

SABBAG, Eduardo de Moraes. **Elementos do Direita, Direito Tributário**. 11ª ed. São Paulo: Revista dos Tribunais, 2009.

VENOSA, Silvio de Salvo. **Direito Civil: Contratos em Espécie**. 16ª ed. São Paulo: Atlas, 2016.

VIEIRA, Emerson. **Não-incidência do ISS sobre licenciamento ou cessão de direito de uso de programas de computador. Revista Dialética de Direito Tributário**, n. 160, jan. 2009.

WALD, Arnoldo. **Da Natureza Jurídica do Software**, In: GOMES Orlando e outros. A Proteção Jurídica do Software. Rio de Janeiro: Forense, 1985.

WEIKERSHEIMER, Deana. **Comercialização de Software no Brasil: uma questão legal a ser avaliada**. Rio de janeiro: Forense, 2000.

ÍNDICE

1. INTRODUÇÃO AO TEMA ... 11

2. A NATUREZA JURÍDICA DO *SOFTWARE* E SUA FORMA DE EXPLORAÇÃO ECONÔMICA OU COMERCIAL ... 15

3. A HIPÓTESE DE INCIDÊNCIA E MATERIALIDADE TRIBUTÁRIA ... 23

4. O CONTEXTO DA TRIBUTAÇÃO DE *SOFTWARES* ATÉ OS DIAS ATUAIS, A PRETENSÃO DA TRIBUTAÇÃO DO *DOWNLOAD* DE *SOFTWARES* PELO ESTADO DE SÃO PAULO, E O CRITÉRIO OBJETIVO DETRIBUTAÇÃO FIXADO PELO STF ... 47

5. DAS LIMITAÇÕES À TRIBUTAÇÃO (DO *DOWNLOAD*) DE *SOFTWARES* PELO ICMS ... 107

6. DAS LIMITAÇÕES À TRIBUTAÇÃO (DO *DOWNLOAD*) DE *SOFTWARES* PELO ISS ... 119

7. CONCLUSÃO ... 141

8. REFERÊNCIAS ... 143